Español Lengua Extranjera

Curso para adolescentes

¿Español? ¡Por supuesto! 1 A1.1

María Ángeles Palomino

Usa este código para acceder al
LIBRO DIGITAL
y al
BANCO DE RECURSOS
disponibles en

Ẽ digital LE

www.anayaeledigital.es

Índice

Unidad 0 — p. 4
Saludas, te presentas y te despides; El alfabeto; Los números del 0 al 10; El acento en español

1 ¿Cómo te llamas? p. 8

Objetivos
- Decir el nombre y los apellidos
- Decir cuántos años tienes
- Decir dónde vives

LÉXICO p. 10
- Los días de la semana
- Los números del 1 al 31

COMUNICACIÓN p. 12
- Identificas personas
- Preguntas y das información personal: nombre, edad, ciudad

GRAMÁTICA p. 16
- Los pronombres personales
- El verbo *ser*
- Los verbos *llamarse*, *tener* y *vivir*
- Los interrogativos: *cuál, cuáles, cómo, cuándo, dónde*

2 ¿De dónde eres? p. 24

Objetivos
- Decir tu nacionalidad
- Decir tu mes preferido
- Decir tu fecha de cumpleaños

LÉXICO p. 26
- Los países y los continentes
- Los meses del año

COMUNICACIÓN p. 28
- Dices qué día es hoy
- Hablas de las fechas de cumpleaños
- Dices las nacionalidades

GRAMÁTICA p. 32
- La nacionalidad: género y número
- El artículo determinado e indeterminado
- El nombre: masculino y femenino

3 ¿Qué estudias? p. 40

Objetivos
- Decir qué objetos usas en clase
- Explicar qué asignaturas estudias
- Describir qué haces en clase

LÉXICO p. 42
- El material escolar
- Las asignaturas

COMUNICACIÓN p. 44
- Hablas de tus actividades en clase
- Dices dónde están las personas y los objetos
- Preguntas y dices la hora

GRAMÁTICA p. 48
- El presente. Verbos regulares
- Los verbos *ver*, *hacer* y *estar*
- La frase negativa
- Expresiones de lugar: *en, al lado de, entre*...
- El nombre: singular y plural

Vivir en sociedad p. 18
- Utilizas *tú* y *usted*

ÁREA de Lengua p. 19
- Frases afirmativas, interrogativas y exclamativas

Taller de lectura p. 20
- *Días de clase*, de Daniel Nesquens

DELE ESCOLAR p. 21
- Expresión e interacción escritas: Completas tu ficha personal
- Expresión e interacción orales: Te presentas

MAGACÍN p. 22
- Descubres España
- Proyecto cultural

Vivir en sociedad p. 34
- Un cumpleaños español

ÁREA de Geografía p. 35
- Países de Hispanoamérica

Taller de lectura p. 36
- *Historias secretas verdaderas e inventadas de Mina HB*, de Susanna Mattiangeli

DELE ESCOLAR p. 37
- Expresión e interacción escritas: Escribes en el blog de clase
- Expresión e interacción orales: Hablas sobre tu nacionalidad

MAGACÍN p. 38
- Fiestas de España
- Proyecto cultural

Vivir en sociedad p. 50
- La convivencia en el aula

ÁREA de Tecnología p. 51
- El ordenador e Internet

Taller de lectura p. 52
- *Antes de medianoche*, de Ana Alonso

DELE ESCOLAR p. 53
- Comprensión de lectura: Te informas sobre las actividades de un instituto

MAGACÍN p. 54
- Un instituto español
- Proyecto cultural

Cuaderno de ejercicios p. 57   **Diccionario visual** p. 69   **Fonética y ortografía** p. 72   **Resumen de gramática** p. 75

0 Esto es español

Saludas, te presentas y te despides

 1 Escucha y marca la foto correcta.

 ☐  ☐  ☐

2 Lee la información, observa las fotos y marca qué hacen en cada situación.

Saludar
- ¡Hola! Buenos días, buenas tardes/noches
- ¡Hola! ¿Qué tal?

Presentarse
- Soy...

Despedirse
- ¡Adiós!
- ¡Hasta luego!

¡Buenos días!
¡Buenas tardes!
¡Buenas noches!

1.
a ☐ se despiden
b ☐ se presentan

2.
a ☐ se saludan
b ☐ se presentan

3.
a ☐ se despiden
b ☐ se presentan

[Ahora tú]

3 Habla con tres compañeros de clase: saludas, te presentas y te despides.

¡Hola! Soy Sara. ¿Y tú?

(Saludas) .... Yo soy...

Aprendes el alfabeto
CE. 2 (p. 57)

LAS LETRAS

PISTA 2

4 Escucha y completa el alfabeto con estas letras.

Gg la *ge*   Uu la *u*   Bb la *be*

Las vocales: a i u e o

Pp la *pe*   Xx la *equis*   Ññ la *eñe*   Rr la *erre*   Ff la *efe*

Aa la *a*   _____   Cc la *ce*   Dd la *de*   Ee la *e*   _____

_____   Hh la *hache*   Ii la *i*   Jj la *jota*   Kk la *ka*   Ll la *ele*

Mm la *eme*   Nn la *ene*   _____   Oo la *o*   _____   Qq la *cu*

_____   Ss la *ese*   Tt la *te*   _____   Vv la *uve*

Ww la *uve doble*   _____   Yy la *i griega o ye*   Zz la *zeta*

c+h se pronuncia *che*
l+l se pronuncia *elle*

Deletreas tu correo electrónico

5 María y Raquel hablan por Skype. Escucha y lee.

PISTA 3

> **María** ¿Tienes correo electrónico?
>
> **Raquel** Sí, claro. Es raqmuñozgil@gmail.es
>
> **María** raq... ¡Uf! ¿Cómo se escribe?
>
> **Raquel** Erre, a, cu, eme, u, eñe, o, zeta, ge, i, ele, arroba, gmail, punto, e, ese.
>
> **María** ¡Genial! Gracias. 🙂

[Ahora tú]

6 Pregunta a dos compañeros su correo electrónico y completa tu agenda del móvil.

¿Tienes...?

LOS NÚMEROS

Cuentas del 0 (cero) al 10 (diez)   CE. 3 (p. 58)

7 Escucha y escribe los números que faltan.

PISTA 4

- a cinco
- b
- c
- d seis
- e
- f dos
- g cero
- h
- i cuatro
- j siete

Así suena el español  CE. 4, 5 (p. 58)

8 Lee la regla y completa con estas palabras en el lugar adecuado.

Regla

Las palabras españolas tienen una sílaba fuerte.

- La sílaba fuerte es la última cuando las palabras terminan en consonante, excepto *n* o *s*.
  Raquel, _____, _____
- La sílaba fuerte es la penúltima sílaba cuando las palabras terminan en vocal, *n* o *s*.
  Carmen, _____, _____

Los otros casos llevan tilde (´).
Malú, _____, _____
Ángel, _____, _____

- Cuando la sílaba fuerte es la antepenúltima sílaba, siempre lleva tilde.
  Verónica, _____, _____

*El signo (´) sobre las vocales á, é, í, ó, ú se llama **tilde**.*

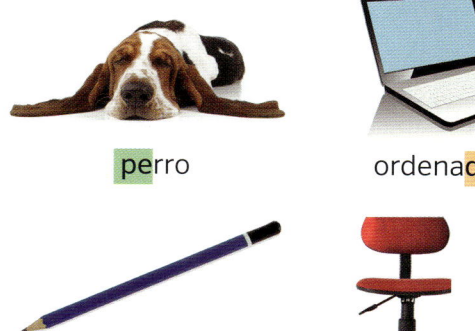

 perro    ordenador

 lápiz    silla

 balón    cámara

música   móvil

 rotulador    cojín

 **9** Ahora, escucha y comprueba tus respuestas.
PISTA 5

Los amigos de María

10 <u>Subraya</u> la sílaba fuerte de los nombres de los amigos de María.

1. Al-ber-to
2. Be-lén
3. Da-vid
4. Ma-ri-bel
5. Ni-co-lás
6. Bár-ba-ra
7. Car-los
8. En-ri-que
9. Mó-ni-ca
10. Car-men

[Ahora tú]

11 Lee los nombres anteriores. Levanta el brazo cuando dices la sílaba fuerte.

UNIDAD 1 — ¿Cómo te llamas?

Objetivos

1. **Decir tu nombre y tu apellido**
2. **Decir cuántos años tienes**
3. **Decir dónde vives**

▶ LÉXICO
- Los días de la semana
- Los números del 1 al 31

▶ COMUNICACIÓN
- Identificas personas
- Preguntas y das información personal: nombre, edad, ciudad

▶ GRAMÁTICA
- Los pronombres personales: *yo*, *tú*, *él/ella*, *nosotros/as*, *vosotros/as*, *ellos/as*
- El verbo *ser*
- Los verbos *llamarse*, *tener* y *vivir*
- Los interrogativos: *cuál*, *cuáles*, *cómo*, *cuándo*, *dónde*

Vivir en sociedad ❖ Utilizas *tú* y *usted*

ÁREA de Lengua ❖ Frases afirmativas, interrogativas y exclamativas

Taller de lectura ❖ *Días de clase*

DELE ESCOLAR
❖ Completas tu ficha personal
❖ Te presentas

MAGACÍN
❖ Descubres España
❖ Proyecto cultural

Para empezar... ¡Prepárate!

MI NOMBRE

1 Escucha y escribe el nombre de cada chico.
PISTA 6

¡Hola! Me llamo ....

¡Hola! Me llamo ....

MI CUMPLEAÑOS

2 Completa el bocadillo con el número correcto en letras.

- diez (10)
- once (11)
- doce (12)

¡Hoy tengo ☐ años!

MI PAÍS

Vivo en España.

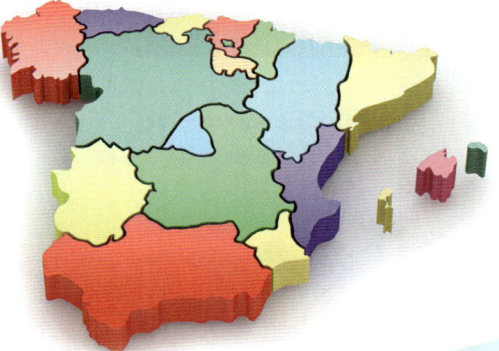

3 ¿Cuál es la bandera de España?

1 (uno)   2 (dos)   3 (tres)

La bandera de España es la número ☐

nueve **9**

Lección 1
Me llamo Adela

Los días de la semana

l _ n _ s
m _ rt _ s
m _ érc _ l _ s
j _ _ v _ s
v _ _ rn _ s
sáb _ d _
d _ m _ ng _

Los números del 1 al 20

1 uno
2 dos
3 tres
4 cuatro
5 cinco
6 seis
7 siete
8 ocho
9 nueve
10 diez
11 once
12 doce
13 trece
14 catorce
15 quince
16 dieciséis
17 dieci
18 dieci
19 dieci
20 veinte

Los números del 21 al 31

21 veintiuno
22 veintidós
23 _____ trés
24 _____ cuatro
25 _____ cinco
26
27 veinti
28
29
30 treinta
31 _____ y uno

El blog de Adela

1 Lee el blog y completa las frases.

1. El nombre de la chica es _____.
2. Los apellidos son _____.
3. El nombre de la ciudad es _____.

Los días de la semana  CE.1 (p. 59)

 PISTA 7

2 Escucha y completa los nombres de los días de la semana.

3 Lee el blog y di si es verdadero (V) o falso (F).

1. El día favorito de Lili es el lunes.
2. El día favorito de Katty es el miércoles.
3. El día favorito de Adela es el domingo.
4. El día favorito de Boby es el jueves.

Los números del 1 al 20 CE. 3 (p. 60)

 PISTA 8

4 Observa y completa los números. Luego, escucha y comprueba.

5 Termina las series.

- Uno, tres cinco...
- Dos, cuatro, seis...

Los números del 21 al 31  CE. 2 (p. 59)

6 Observa y completa los números. Comprueba con tu compañero.

7 Di estos números.

27   30   23   29   21   25

[Ahora tú]

8 Contesta a la pregunta de Adela.

¿Cuál es tu día favorito de la semana?

Mi día favorito de la semana es el...

once **11**

Lección **2**

El equipo de baloncesto

Hoy es jueves, el equipo tiene entrenamiento

Marcos

Me llamo Elena. Tengo doce años y vivo en Madrid.

Lucas   Elena   María   Carmen

Entrenadora	¡Hola, chicos, buenas tardes! Soy la entrenadora, me llamo Carmen Medina Toledo. Y tú, ¿cómo te llamas?
María	Me llamo María.
Entrenadora	¿Tus apellidos?
María	Moreno Casas.
Entrenadora	Y vosotros, ¿quiénes sois?
Lucas	Yo soy Lucas Rubio Palacios y él es Marcos López Ruiz.
Entrenadora	Y tú eres...

Presentaciones CE. 4 (p. 60)

 1 Escucha y lee cómo se presentan.
PISTA 9

2 Ahora, completa la información de los chicos.

nombre	apellido 1	apellido 2
María		

12 doce

Los pronombres personales y el verbo ser  CE. 5 (p. 60)

3 Lee el diálogo y relaciona cada pronombre con la forma adecuada del verbo ser.

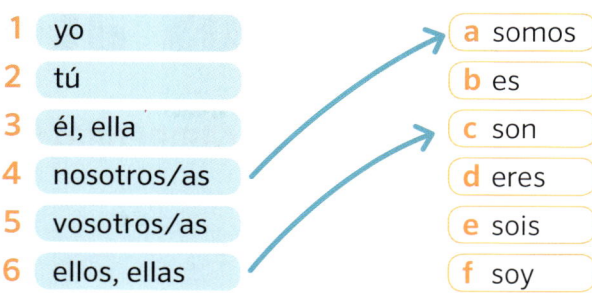

1 yo
2 tú
3 él, ella
4 nosotros/as
5 vosotros/as
6 ellos, ellas

a somos
b es
c son
d eres
e sois
f soy

4 Completa con el verbo ser.

1 Hola, ¿quién ___ (tú)?
2 ¿Quién ___ (él)?
3 ¿Quiénes ___ (ellos)?

• (Yo) ___ Elena.
• (Él) ___ el entrenador.
• (Ellos) Lucas y Víctor ___ dos chicos del equipo de fútbol.

Para preguntar por personas, usas: ¿Quién? ¿Quiénes?

5 Escribe preguntas como en el modelo.

1 ¿Quién es ella?

Los verbos llamarse, tener y vivir  CE. 6 (p. 61)

6 Escribe en tu cuaderno presentaciones como en el modelo. Observa los verbos.

1 *Nos llamamos Pedro y Lola. Tenemos 13 años y vivimos en Salamanca.*

1 nosotros
Pedro y Lola
13 - Salamanca

2 tú
José
12 - Bilbao

3 ellos
Nico y Hugo
10 - Madrid

4 vosotras
Bea y Carmen
11 - Valencia

LLAMARSE
(yo) me llamo
(tú) te llamas
(él, ella) se llama
(nosotros/as) nos llamamos
(vosotros/as) os llamáis
(ellos, ellas) se llaman

TENER
tengo
tienes
tiene
tenemos
tenéis
tienen

VIVIR
vivo
vives
vive
vivimos
vivís
viven

[Ahora tú]

7 Das información personal. Preséntate, como Elena.

Lección

3 Jugamos al baloncesto

Víctor participa en el campeonato nacional de baloncesto

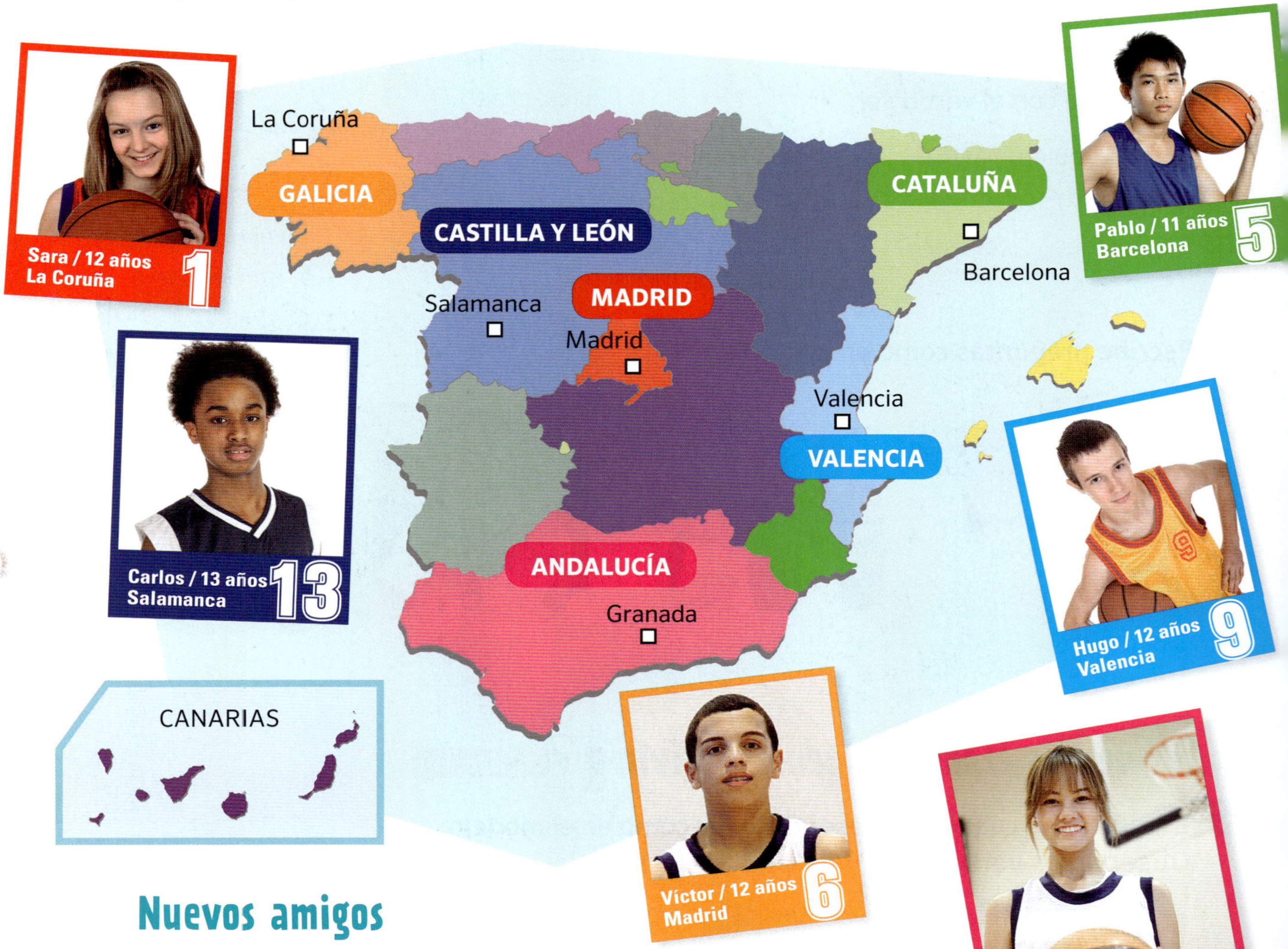

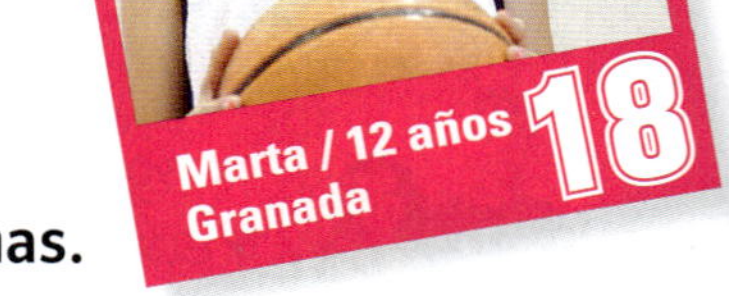

Sara / 12 años
La Coruña
1

Pablo / 11 años
Barcelona
5

Carlos / 13 años
Salamanca
13

Hugo / 12 años
Valencia
9

Víctor / 12 años
Madrid
6

Marta / 12 años
Granada
18

Nuevos amigos

PISTA 10

1 Escucha la conversación entre estos chicos.

2 Lee y completa la conversación con la información de las fichas.

1 ¡Hola! Me llamo _____, y tú, ¿cómo _____?

2 Me llamo _____. ¿Cuántos años tienes?

3 Tengo _____ años. Vivo en _____. Y tú, ¿dónde _____?

4 En _____. ¿Cuál es el número de tu camiseta?

5 El _____. ¡Es mi número favorito!

3 Elige un chico o una chica del campeonato. Con tu compañero representa una conversación en clase.

14 catorce

Los interrogativos CE. 7, 8 (p. 61)

4 Lee las respuestas de Adela y relaciona cada una con la pregunta adecuada.

a Se llama José.
b El quince.
c Vivo en Salamanca.
d Duque Martín.
e Soy Adela.
f Tengo 12 años.
g Son dos amigos del fútbol.

1 ¿Quién eres? — e
2 ¿Cuántos años tienes?
3 ¿Dónde vives?
4 ¿Quiénes son Carlos y Pablo?
5 ¿Cuál es tu número favorito?
6 ¿Cuáles son tus apellidos?
7 ¿Cómo se llama el entrenador?

5 Completa con estos interrogativos. Escucha y comprueba. PISTA 11

1 ¿_____ son?
2 ¿_____ es tu día favorito?
3 ¿_____ son tus apellidos?
4 ¿_____ eres?
5 ¿_____ se llama la chica?
6 ¿_____ años tenéis?
7 ¿_____ viven Elena y Lucía?

Cuántos · Quién · Cuál · Cómo · Quiénes · Dónde · Cuáles

Las palabras interrogativas llevan tilde (´).
Las frases interrogativas empiezan con ¿ y terminan con ?

[Ahora tú]

6 Enseña a tu compañero la foto de un amigo o elige un compañero de clase. Tu compañero te hace preguntas.

¿Cómo se llama? ¿Dónde...? ¿Cuántos...? Se llama...

Repasas la gramática

Escribe las respuestas en tu cuaderno

Los pronombres personales

1 Completa con los pronombres personales.

	SINGULAR		PLURAL	
			masculino	femenino
1.ª PERSONA	yo			
2.ª PERSONA				
	masculino	femenino	masculino	femenino
3.ª PERSONA				

2 Observa las imágenes y completa con un pronombre personal.

El verbo *ser*

3 Completa con las formas del verbo *ser*.

SER	
(yo)	soy
(tú)	eres
(él, ella)	es
(nosotros/as)	somos
(vosotros/as)	sois
(ellos/as)	son

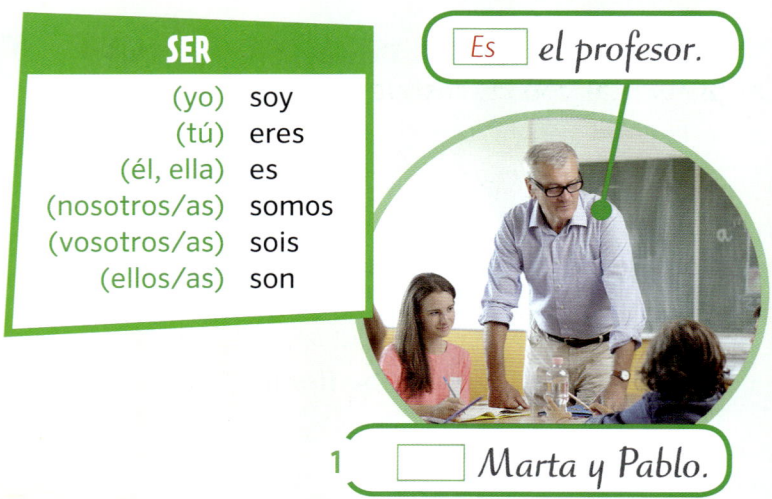

Es el profesor.

1 ☐ Marta y Pablo.

3 No, ☐ David y Óscar.

2 ¿☐ Hugo y Carlos?

16 dieciséis

Hola, ▢ Lola, y tú, ¿quién ▢?

Los verbos llamarse, tener y vivir

4 Localiza la casilla y escribe el verbo en presente.

1 a3 ▢   4 c2 ▢   7 a2 ▢
2 c3 ▢   5 a1 ▢   8 c1 ▢
3 b1 ▢   6 b3 ▢   9 b2 ▢

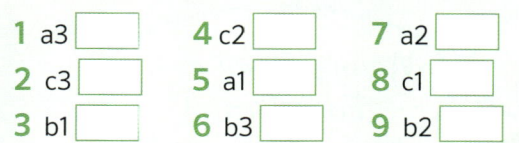

a	
1	llamarse, yo
2	vivir, ellos
3	tener, yo

b	
1	tener, vosotros
2	llamarse, nosotros
3	vivir, nosotros

c	
1	vivir, él
2	tener, tú
3	llamarse, ella

5 Completa las frases con 6 formas del ejercicio anterior.

1 Nos llamamos Pablo y Alberto y ▢ en Madrid.
2 La amiga de Lola ▢ Carolina.
3 Lucas y José ▢ en Granada.
4 ▢ Carmen y ▢ doce años.
5 Antonio ▢ en La Coruña.

6 Ordena las palabras y escribe las frases.

1 se llama | El | Miguel. | de | fútbol | entrenador
2 vivo | y | años | en | Tengo | Barcelona. | doce
3 ocho. | número | favorito | es | el | Mi
4 en | y Elena | viven | Granada. | José
5 amigas | de | fútbol. | Marina | son | y Carolina | del equipo

Los interrogativos

7 Escribe los interrogativos y relaciona las preguntas con las respuestas.

1 ¿ Cuántos años tienen Bea y María?   a Me llamo Patricia.
2 ¿ ▢ vive Adela?   b Justo.
3 ¿ ▢ es?   c Son David y Marta.
4 ¿ ▢ son tus días favoritos?   d Tienen doce años.
5 ¿ ▢ te llamas?   e Es el amigo de Pablo.
6 ¿ ▢ son?   f Vive en Salamanca.
7 ¿ ▢ es tu primer apellido?   g El sábado y el domingo.

diecisiete **17**

Vivir en sociedad

¿Tú, usted, vosotros/as, ustedes?

1 Observa cómo preguntan estas personas.

¿Es usted el entrenador?

Hola, abuelos, ¿dónde vivís ahora?

Mamá, ¿cuál es tu día favorito?

El domingo, ¡claro!

2 Ahora, relaciona según los ejemplos anteriores.

Para hablar con...	Usas
a adultos (no son de tu familia)...	1 tú + verbo en 2.ª persona del singular
b un adulto (no es de tu familia)...	2 usted + verbo en 3.ª persona del singular
c personas de tu familia...	3 vosotros/as + verbo en 2.ª persona del plural
d una persona de tu familia...	4 ustedes + verbo en 3.ª persona del plural

3 ¿Qué forma usas? Escribe debajo de cada foto *tú, usted, vosotros/as, ustedes*.

1 _____

2 _____

3 _____

4 _____

ÁREA de Lengua

Entonación, pronunciación y grafía

1 Escucha y observa.

 PISTA 12

1. Paula tiene 12 años.
2. ¿Paula tiene 12 años?
3. ¡Paula tiene 12 años!

> **Las frases interrogativas** empiezan con ¿ y terminan con ?

> **Las frases exclamativas** empiezan con ¡ y terminan con !

2 Escucha y escribe ¿?, ¡! o .

 PISTA 13

1.
a. Tu día favorito es el lunes
b. Tu día favorito es el lunes
c. Tu día favorito es el lunes

2.
a. José es el entrenador
b. José es el entrenador
c. José es el entrenador

3.
a. Son tus amigos del equipo de fútbol
b. Son tus amigos del equipo de fútbol
c. Son tus amigos del equipo de fútbol

3 Observa las imágenes y escribe ¡!, ¿? o .
Luego, pronuncia las frases.

No eres el amigo de Pablo

Tus apellidos son Martín Martín

Valeria vive en Madrid

diecinueve 19

Taller de lectura

1. ¿Conoces estas palabras? ¿Cómo se dicen en tu lengua?

1. maestra ....
2. casa ....
3. instrumento ....
4. clásica ....
5. música ....
6. viernes ....
7. personaje ....
8. mochila ....
9. reloj ....
10. cuento ....
11. pizarra ....
12. clase ....

Daniel Nesquens

Es un escritor español, de Zaragoza (1967).

En el año 2000 publica su primer libro, *Diecisiete cuentos y dos pingüinos*.

En sus libros escribe sobre momentos cotidianos y siempre utiliza el humor para contar las cosas que quiere.

Le gusta jugar con las palabras.

Entre sus personajes famosos destaca Marcos Mostaza.

Tiene muchos premios de literatura.

* Ruido de voces.

2. Con las palabras anteriores, ¿puedes completar el texto?

La señorita Paula

¿Quieres saber quiénes son Álvaro, Beatriz, Damián, Elisa, Inés, Orlando, Luisa, Noemí, Rodrigo, Vanesa, Paula, la profesora y el abuelo de Álvaro? Sigue leyendo…

La señorita Paula es nuestra señorita, nuestra .... Tiene una sonrisa dulce… A la seño Paula le encanta la .... Todos los .... por la tarde escuchamos música .... Después, antes de irnos a ...., nos cuenta un .... que tiene como protagonista un .... musical. Se sitúa delante de la ...., consulta su .... y, mirando al infinito, nos dice que tenemos tiempo para un cuento, el cuento del señor Bombo. La señorita Paula cuenta muy bien los cuentos y cambia de voz cada vez que interpreta a un ....

Cuando la seño termina el cuento, nos queda tiempo para guardar nuestras cosas en la .... Un guirigay* de voces y de sillas invade la .... El primero que sale de la clase es Jacinto. Siempre sale corriendo…

Adaptado de Días de clase
Anaya, 2004

3. ¿Verdadero o falso?

1. En la clase hay doce chicos y chicas. V F
2. Paula no es estudiante. V F
3. En clase escuchan música clásica. V F
4. Por la tarde, Paula cuenta cuentos. V F

DELE ESCOLAR

 ### Expresión e interacción escritas

En tu escuela quieren tener tus datos. Debes completar esta ficha.

FICHA PERSONAL   Curso _____

- Nombre: ....
- Primer apellido: ....
- Segundo apellido: ....
- Edad: ....

Dirección
Calle: ....
Número: .... Piso: ....
Teléfono móvil: ....
Dirección de correo electrónico:
....

 ### Expresión e interacción orales

Debes hacer tu presentación personal durante 1 o 2 minutos.
Puedes hablar sobre los siguientes temas (te damos algunas posibles preguntas).

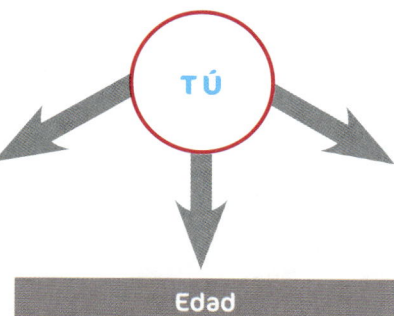

Nombre y apellido
- ¿Cómo te llamas?
- ¿Cuál es tu nombre?
- ¿Y tu apellido?

País de origen y nacionalidad
- ¿De dónde eres?
- ¿En qué país/ciudad vives?

Edad
- ¿Cuántos años tienes?

Para ayudarte

- Buenos días/Buenas tardes...
- Mi nombre es... Me llamo...
- Soy (+*nacionalidad*) o Soy de (+*país*).
- Vivo en (+*ciudad*) y me gusta mucho porque...
- Tengo... años.

veintiuno **21**

MAGACÍN

¿Español? ¡Por supuesto!

DESCUBRES ESPAÑA

1 Lee esta presentación de Marta.

¡Hola!

Me llamo Marta y tengo 12 años. Vivo en Madrid, la capital de España.

España es un país de la Unión Europea. Se divide en 17 comunidades autónomas: Galicia, Principado de Asturias, Cantabria, País Vasco, Comunidad Foral de Navarra, La Rioja, Aragón, Cataluña, Islas Baleares, islas Canarias, Comunidad Valenciana, Región de Murcia, Andalucía, Castilla y León, Comunidad de Madrid, Castilla-La Mancha y Extremadura.

En España se habla español (en todo el país) y también catalán (en Cataluña, la Comunidad Valenciana y las Islas Baleares), vasco (en el País Vasco) y gallego (en Galicia).

La moneda de España es el euro.

¡Ah, sí! Don Felipe VI y doña Letizia son los reyes de España.

LA MONEDA

LA BANDERA **LOS REYES**

Don Felipe VI y doña Letizia

LA CAPITAL

Cuatro Torres Business Area (Madrid)

Puerta de Alcalá (Madrid)

2. Ahora contesta estas preguntas.

1. ¿Cuántas comunidades autónomas tiene España?
2. ¿Cuál es la moneda española?
3. ¿Cómo se llama la capital?
4. ¿Cómo se llaman los mares y el océano que rodean España?
5. ¿España tiene islas? ¿Cómo se llaman?
6. ¿Cuántos idiomas se hablan en España? ¿Cómo se llaman?
7. Busca en el texto el nombre de las comunidades autónomas y completa el mapa.

Puerta del Sol (Madrid)

EL MAPA

OTRAS CIUDADES

1. G _ _ _ _ c _ a
2. C _ _ _ l _ _ a
3. M _ _ _ _ d
4. A _ _ _ l _ _ a

Torre del Oro (Sevilla)

PROYECTO cultural

Escribe un texto sobre tu país con:
- Nombre de la capital y tres ciudades importantes.
- Nombre del idioma.
- Nombre de la moneda.

Dibuja la bandera de tu país.

Sagrada Familia (Barcelona)

¿De dónde eres?

Objetivos

1. **Decir tu nacionalidad**
2. **Decir tu mes preferido**
3. **Decir tu fecha de cumpleaños**

▶ LÉXICO
- ✓ Los países y los continentes
- ✓ Los meses del año

▶ COMUNICACIÓN
- ✓ Dices qué día es hoy
- ✓ Hablas de las fechas de cumpleaños
- ✓ Dices las nacionalidades

▶ GRAMÁTICA
- La nacionalidad: género y número
- El artículo determinado e indeterminado: *el*, *la*, *los*, *las*; *un*, *una*, *unos*, *unas*
- El nombre: masculino y femenino

Vivir en sociedad
- Un cumpleaños español

ÁREA de Geografía
- Países de Hispanoamérica

Taller de lectura
- *Historias secretas verdaderas e inventadas de Mina HB*

DELE ESCOLAR
- Escribes en el blog de clase
- Hablas sobre tu nacionalidad

MAGACÍN
- Fiestas de España
- Proyecto cultural

Para empezar... ¡Prepárate!

LOS PAÍSES

1 Relaciona los números y los países.

- a ☐ Francia
- b ☐ Italia
- c ☐ España
- d ☐ Portugal
- e ☐ Grecia
- f ☐ Alemania

LOS MESES

2 Elige el mes correcto.

- a noviembre
- b septiembre
- c octubre

¡Hola! Soy Marcos. Mi cumpleaños es el 5 de ☐

UN PAÍS HISPANO

3 Buenos Aires es la capital de...

- a México
- b Cuba
- c Argentina

veinticinco 25

Yuko
15 _a_ó_
Helen
14 Au_ _ _a_ia

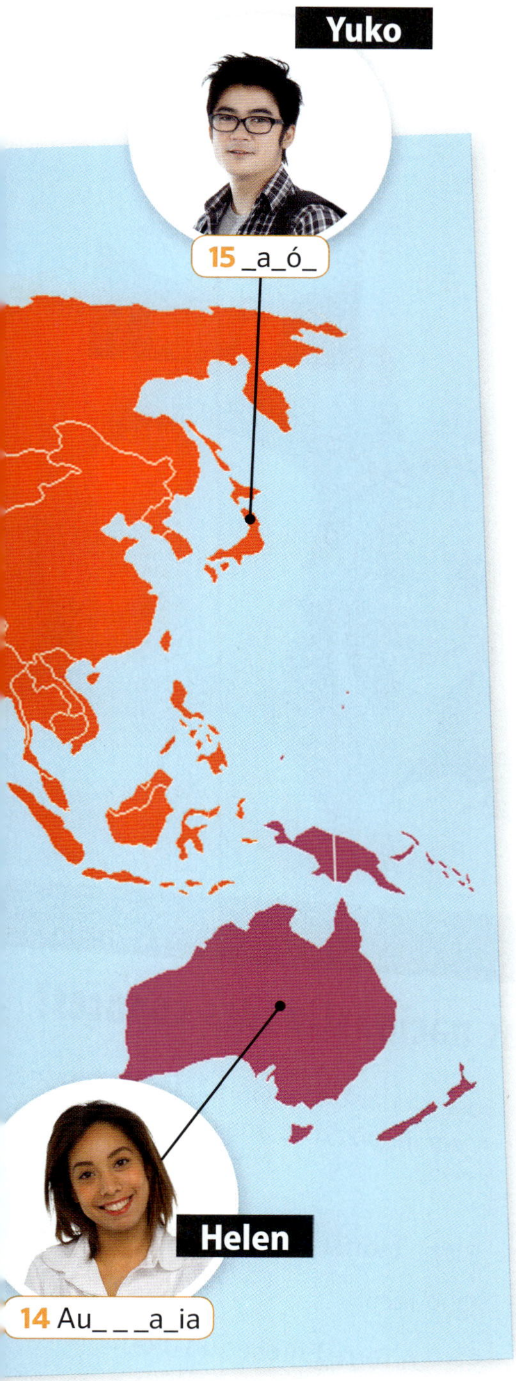

Los países y los continentes

CE. 1, 2 (p. 62)

PISTA 14

1 Escucha y completa los nombres de los países.

2 Observa los colores y clasifica los países en su continente.

- *Italia es un país de Europa.*

África · Europa · Oceanía · Asia · América

3 Elige a un chico del mapa y di dónde vive.

Mario vive en Portugal.

Los meses del año

CE. 3 (p. 63)

PISTA 15

4 Escucha y ordena los meses.

Los meses del año

☐	octubre	1	enero
5	mayo	☐	marzo
☐	septiembre	☐	noviembre
☐	febrero	☐	julio
12	diciembre	☐	abril
☐	junio	8	agosto

5 Escribe los nombres de los meses con estas letras.

- M / R → *noviembre.*
- O / A → ☐
- O / T → ☐
- E / E → ☐

[Ahora tú]

6 Lee la presentación de Luca y escribe tú una con tu información. Lee tu presentación en clase.

Lección 5
¿De dónde son?

José y sus amigos preguntan sobre países

¿Cuántas nacionalidades conoces?

David José, ¿cuántas nacionalidades conoces? A ver, la *pizza* es una comida…

José ¡_____!

David ¡Bien! Lionel Messi es un futbolista…

Virginia ¡Qué fácil! _____.

David Sííí. La Torre Eiffel es un monumento…

Virginia ¡_____!

David One Direction es un grupo…

José ¡Yo lo sé! ¡_____! Otra, otra pregunta.

Virginia Vale. Ahora pregunto yo. La paella es una comida…

David ¡Qué fácil! ¡_____!

Es español

1 Lee y completa con estas nacionalidades.

- argentino
- francés
- inglés
- española
- italiana

 2 Escucha y comprueba tus respuestas.

PISTA 16

La nacionalidad: masculino y femenino  CE. 4 (p. 63)

3 Observa la información y completa las nacionalidades en femenino. Después, escribe el nombre de los países.

o → a
M argentino
F argentina
Argentina
M ruso
F ....
....
M italiano
F ....
....
M brasileño
F ....
....

és* → esa
M francés
F ....
....
M japonés
F ....
....
M portugués
F ....
....

masculino = femenino
M canadiense
F ....
....
M estadounidense
F ....
....
M marroquí
F ....
....

otras
M alem**á**n*
F aleman**a**
....
M español
F española
....

> * *Los nombres en –és y -án no llevan tilde (´) en femenino ni en plural.*
>
> *francés → francesa, franceses, francesas.*
> *alemán → alemana, alemanes, alemanas.*

4 Di un país. Tu compañero dice la nacionalidad en masculino y en femenino.

España *español, española*

La nacionalidad: singular y plural  CE. 5 (p. 63)

5 Observa y escribe el plural de estas nacionalidades.

1 alem**á**n
2 mexicano
3 canadiense
4 griega
5 italiana
6 japon**é**s
7 portugu**é**s
8 argentino

singular	plural
vocal →	+ s
australian**o** →	australiano**s**

consonante →	+ es
españo**l** →	españo**les**

[Ahora tú]

6 Di el país y la nacionalidad de estos famosos.

Shakira es colombiana, de Colombia.

Lección
6
¡Feliz cumpleaños!

Sara y David deciden un regalo

una camiseta

una llave USB

un libro

un estuche

una raqueta

unos rotuladores

Sara	¿Qué día es hoy?
David	¡Hoy es 5 de octubre! Es el cumpleaños de Marcos.
Sara	Es verdad. ¿Qué compramos?
David	¡Un e_____! No, no. Unos r_____ para clase.
Sara	¡Noooooo! ¿Y una c_____?
David	O una ll___ ___.
Sara	¿Y un l_____ de aventuras?
David	¡No sé! Síííí. ¡Una r_____!
Sara	Vale, y buscamos una postal en Internet.
David	Genial.

Un regalo

1 Lee y completa con las palabras de las fotos.

PISTA 17

2 Escucha y comprueba. ¿Qué regalo eligen? Escríbelo.

_ _ _ _ _ _ _ _ _ _

30 treinta

Los artículos  CE. 7 (p. 64)

3 Completa con el artículo adecuado según el diálogo.

	indeterminados		determinados	
	singular	plural	singular	plural
masculino		unos	el	los
femenino			la	las

El nombre: masculino y femenino  CE. 6 (p. 64)

4 Completa la regla con estos nombres.

Regla

chico   ciudad   lección   nombre   frase   bandera   ordenador

masculinos
- Terminados en -o: _____
  Excepción: *la foto*
- Terminados en -or: _____
- Los números: *el uno, el dos...*
- Los días: *el lunes, el martes...*

femeninos
- Terminados en –a: _____
  Excepciones: *el día, el mapa, el idioma*
- Terminados en –ad: _____
- Terminados en –ción: _____
- Las letras: *la a, la b, la c...*

Los nombres terminados en -e son masculinos o femeninos.
el continente, _____ / *la consonante,* _____

5 Ahora, escribe el nombre y los artículos, como en el modelo.

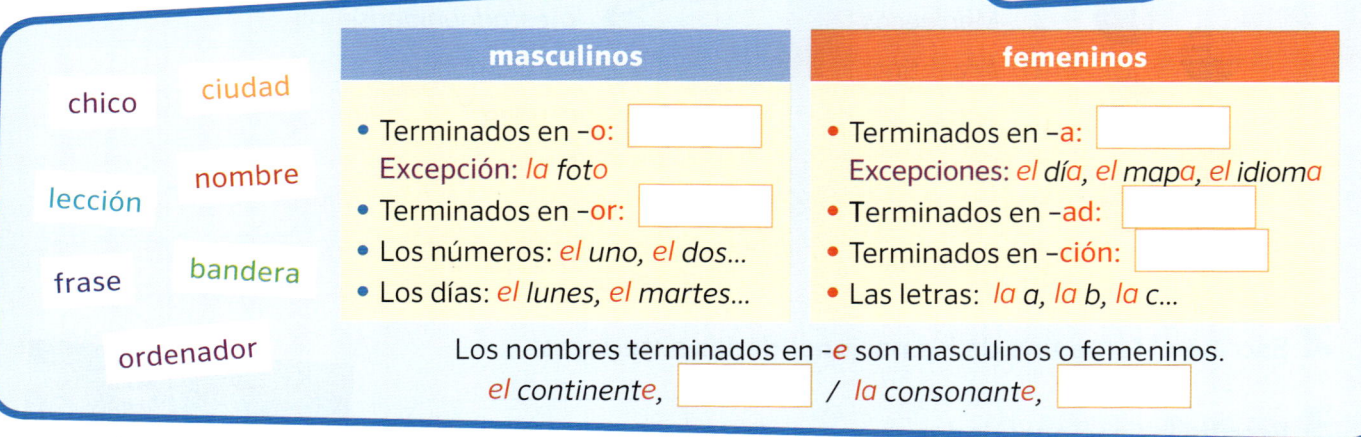

1. una / la silla
2. .... / ....
3. .... / ....
4. .... / ....
5. .... / ....

La fecha del cumpleaños  CE. 8 (p. 64)

6 Escucha y marca la fecha de cumpleaños de los dos amigos.

PISTA 18

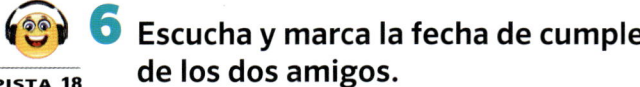

	él			ella		
Día	05 ☐	15 ☐	19 ☐	02 ☐	20 ☐	30 ☐
Mes	01 ☐	04 ☐	05 ☐	08 ☐	09 ☐	11 ☐

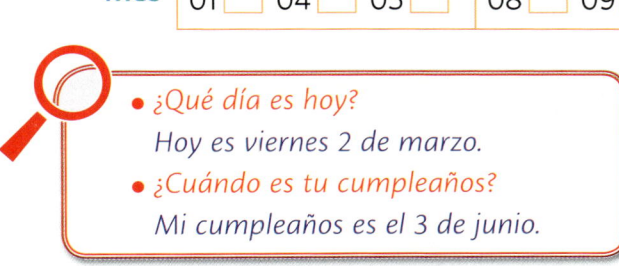

- ¿Qué día es hoy?
  Hoy es viernes 2 de marzo.
- ¿Cuándo es tu cumpleaños?
  Mi cumpleaños es el 3 de junio.

[Ahora tú]

7 Dices la fecha de hoy. Pregunta a tres compañeros la fecha de su cumpleaños.

David, ¿cuándo es tu cumpleaños?

Mi cumpleaños es el...

Repasas la gramática

Escribe las respuestas en tu cuaderno

la nacionalidad: el género y el número

1 Relaciona cada país con la nacionalidad adecuada.

País	Masculino	Femenino
1 Estados Unidos	a marroquí	
2 Colombia	b alemán	
3 Marruecos	c estadounidense	
4 Argentina	d colombiano	
5 Cuba	e griego	
6 China	f chino	
7 Grecia	g cubano	
8 Alemania	h argentino	

(1 → c)

2 Escribe el femenino de las nacionalidades anteriores.

3 Escribe las nacionalidades.

1. El canguro es _____.
2. Río de Janeiro es una ciudad _____.
3. Cristiano Ronaldo es _____.
4. Este hombre es _____.
5. La Acrópolis de Atenas es un monumento _____.
6. El sushi es un plato _____.
7. Estas muñecas son _____.
8. La Torre Eiffel y el Arco del Triunfo son monumentos _____.

El artículo determinado e indeterminado

4 Completa con el artículo que falta.

1. una / la amiga
2. unos / ____ regalos
3. ____ / el estuche
4. unas / ____ camisetas
5. un / ____ número
6. ____ / la palabra
7. ____ / los chicos
8. ____ / las fechas
9. unas / ____ raquetas

5 Escribe *el* o *la* debajo de cada imagen.

1. .... entrenador
2. .... ciudad
3. .... natación
4. .... mochila
5. .... nombre
6. .... clase
7. .... bandera
8. .... chico

El nombre: masculino y femenino

6 Marca si estas palabras son masculinas (**M**) o femeninas (**F**). Después, escribe el artículo determinado.

		M	F
1	instituto	☐	☐
2	conversación	☐	☐
3	miércoles	☐	☐
4	estuche	☐	☐
5	moneda	☐	☐
6	año	☐	☐
7	idioma	☐	☐
8	ciudad	☐	☐
9	cuaderno	☐	☐

		M	F
10	amiga	☐	☐
11	mapa	☐	☐
12	monumento	☐	☐
13	unidad	☐	☐
14	foto	☐	☐
15	lección	☐	☐
16	día	☐	☐
17	información	☐	☐
18	apellido	☐	☐

Vivir en sociedad

Un cumpleaños español

1 ¿Sabes cómo es un cumpleaños español? Lee el texto de Marcos. Observa las fotos y los colores de las palabras.

En muchos países la fiesta del cumpleaños es muy importante. En España, por ejemplo, celebramos el cumpleaños con la familia o los amigos que dan regalos para la persona que cumple los años. Cuando recibes un regalo, abres el regalo y dices: «¡Qué bonito! Gracias». «Muchas gracias, me gusta mucho».

También es común comer tarta y soplar las velas. Por ejemplo, yo hoy cumplo trece años, entonces tengo que poner trece velas en la tarta. Después, soplamos y apagamos las velas. Finalmente todos cantan una famosa canción... ¿la conoces? Se llama «Cumpleaños feliz». ¡Ah, sí!, en España también es común entre amigos o compañeros tirar de las orejas a la persona que cumple los años.

 1  2  3  4  5

2 En tu país, ¿qué hacen el día del cumpleaños? Indícalo.

a Tirar de las orejas ☐   b Dar regalos ☐   c Abrir los regalos ☐   d Soplar las velas ☐   e Comer tarta ☐

3 Estos son los regalos de los amigos de Marcos. Relaciona cada imagen con su nombre.

a ☐ Una camiseta de Spiderman.
b ☐ Una mochila para el instituto.
c ☐ Una taza para beber.
d ☐ Un balón de fútbol.
e ☐ Un reloj moderno.

 1  3  4  5

(2 — una taza)

4 Escucha y aprende la canción del «Cumpleaños feliz».

PISTA 19

*Cumpleaños feliz, cumpleaños feliz.
Te deseamos todos
cumpleaños feliz.*

Taller de lectura

1. **Completa estas frases con la información del texto.**
   1. El nombre de la protagonista es ...., pero su nombre artístico es ....
   2. Mina HB significa ....
   3. En su cuaderno Mina escribe sobre ....
   4. La amiga de Mina se llama ....

Susanna Mattiangeli

Es una escritora italiana (Roma, 1971).

Le gusta mucho el teatro, escribir cuentos y trabajar con niños.

Actualmente, hace talleres sobre dibujo, manualidades, *stop motion* y técnicas narrativas en escuelas y bibliotecas.

Bueno, pues me presento

Me llamo Mina HB, que en el lenguaje de los lápices significa 'Hard Black', es decir, un pelín duro y un pelín negro.

Mi verdadero nombre es Rita, pero aquí, en mi cuaderno, soy Mina. Es un seudónimo, un nombre artístico, como Lewis Carroll o Lady Gaga.

Este es mi cuaderno y en él escribo todo lo que me apetece.

Por ejemplo, lo que me pasa en el colegio, las historias que me invento, mis cartas, los mensajitos que le paso a mi amiga Nora y las aventuras de mi cómic favorito. Es un cuaderno casi secreto y suelo esconderlo en mi armario, pero un día, quién sabe, ¡tal vez se convierta en un libro de verdad!

Adaptado de Historias secretas verdaderas e inventadas de Mina HB
Anaya, 2019

2. **Ahora, contesta estas preguntas.**
   1. ¿Tú también tienes un cuaderno especial?
   2. Piensa en un seudónimo, ¿cuál es?
   3. ¿Cómo se llama tu mejor amigo o amiga?
   4. ¿A quién envías mensajes y cómo?

DELE ESCOLAR

Expresión e interacción escritas

Tú eres nuevo en la ciudad. Quieres conocer amigos de tu edad.
Escribe un mensaje en el blog de clase.
En él debes:

- Saludar
- Presentarte (nombre, apellidos, nacionalidad)
- Decir cuántos años tienes y de dónde eres
- Explicar por qué estudias español
- Despedirte

Número de palabras: entre 30 y 40.

Expresión e interacción orales

Debes hacer tu presentación personal durante 1 o 2 minutos.
Puedes hablar sobre los siguientes temas (te damos algunas posibles preguntas).

Nombre y apellido ← TÚ → **Edad y fecha de nacimiento**

- ¿Cómo te llamas?
- ¿Cuál es tu nombre?
- ¿Y tu apellido?

- ¿Cuántos años tienes?
- ¿Cuándo es tu cumpleaños?

País de origen y nacionalidad

- ¿De dónde eres?
- ¿Dónde vives?

Saludar	Despedirse	Para ayudarte
Hola	Adiós	Pedir y dar información
Buenos días	Adiós, buenos días	¿Quién eres? Soy...
Buenas tardes/noches	Adiós, buenas tardes/noches	¿Cómo te llamas? Me llamo...
Hola, ¿qué tal?	Hasta mañana	¿De dónde eres? Soy de...
	Hasta el jueves	¿Cuántos años tienes? Tengo...
	Un beso	¿Cuándo es tu cumpleaños? Es el...
		¿Por qué estudias español? Porque...

MAGACÍN

¿Español? ¡Por supuesto!

FIESTAS DE ESPAÑA

1 Infórmate sobre algunas fiestas en España.

¡Hola!

Me llamo Carlos y vivo en Santa Cruz de Tenerife, en las islas Canarias. Santa Cruz es muy famosa por los carnavales, que son en febrero, por eso es mi mes preferido. Durante el carnaval no tenemos clase y mis amigos y yo bailamos en la calle todos los días. ¡Es genial!

Pero tenemos más fiestas.

- En invierno está la fiesta de Navidad. Es cuando Jesús nace y es una fiesta familiar; la Nochevieja, que es el último día del año, es una noche de fiesta y es tradicional comer 12 uvas, y la fiesta de los Reyes Magos, una fiesta especial para los niños porque reciben regalos.
- En primavera está la fiesta de las Fallas, en Valencia. En esta fiesta hay estatuas gigantes de cartón en las calles y por la noche se queman con fuego.
- En otoño está la fiesta nacional. Este día hay un desfile militar, allí están los reyes de España.

Las estaciones

Primavera

Verano

Otoño

Invierno

☐ Fiesta nacional

☐ Nochevieja

2 Relaciona cada fiesta con la fecha y la foto adecuada según el texto.

1. FEBRERO
2. MARZO 19
3. OCTUBRE 12
4. DICIEMBRE 31
5. DICIEMBRE 25
6. ENERO 6

☐ Navidad

☐ Reyes Magos

[1] Carnaval

☐ Las Fallas

PROYECTO cultural

¿Qué fiestas hay en tu país?

- Elige 6 y haz un póster con fotos de las fiestas.
- Explica tu póster en clase.

treinta y nueve **39**

3 ¿Qué estudias?

Objetivos

1. **Decir qué objetos hay en clase**
2. **Explicar qué asignaturas estudias**
3. **Describir qué haces en clase**

▶ **LÉXICO**
- ✓ El material escolar
- ✓ Las asignaturas

▶ **COMUNICACIÓN**
- ✓ Hablas de tus actividades en clase
- ✓ Dices dónde están las personas y los objetos
- ✓ Preguntas y dices la hora

▶ **GRAMÁTICA**
- El presente. Verbos regulares
- Los verbos *ver*, *hacer* y *estar*
- La frase negativa
- Expresiones de lugar: *en*, *al lado de*, *entre*…
- El nombre: singular y plural

Vivir en sociedad ❖ La convivencia en el aula

Área de Tecnología ❖ El ordenador e Internet

Taller de lectura ❖ Antes de medianoche

DELE ESCOLAR ❖ Te informas sobre el horario de un instituto

MAGACÍN
❖ Un instituto español
❖ Proyecto cultural

Para empezar... ¡Prepárate!

EL MATERIAL ESCOLAR

1 Escribe el nombre debajo de cada objeto.

- la mochila
- el cuaderno
- el estuche
- la calculadora
- *el lápiz*
- el bolígrafo

1 la _ _ _ d _ _ _

2 el c_ _ _ _ _ _ _

3 la _ _ _ _ l _

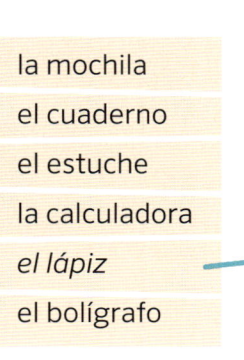

6 el _ _ t _ _ _ _

4 el _ _ _ g _ _

5 el _ _ _ z

LAS ASIGNATURAS

2 Relaciona cada asignatura con su imagen.

a Inglés ☐
b Geografía ☐
c Matemáticas ☐

1 (globo)   2 $9 + \dfrac{5x}{2} = 4$ 3 (bandera)

INFINITIVOS

3 Relaciona cada frase con el infinitivo adecuado.

1 Escucho la conversación.
2 Lees los nombres.
3 Escribimos las palabras.

a ☐ le**er**
b ☐ escrib**ir**
c ☐ escuch**ar**

LA HORA

4 Indica la hora correcta.

a ☐ Son las diez y diez.
b ☐ Son las tres y veinte.

cuarenta y uno **41**

Lección **7**

Mi material escolar

¡Hola, soy Raquel! Este es mi material escolar para mañana. Mi asignatura favorita es Geografía.

Para la clase de **Inglés**

2. el ....

1. los *libros*

3. el ....

Para la clase de **Lengua y Literatura**

Para la clase de **Geografía**

4. los ....

5. la ....

6. los ....

42 cuarenta y dos

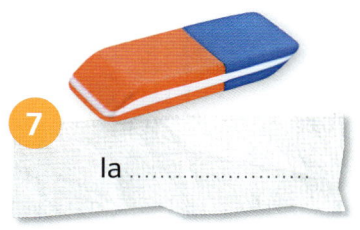

7 la ....

8 el ....

9 el ....

10 la ....

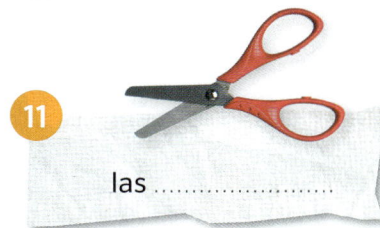

11 las ....

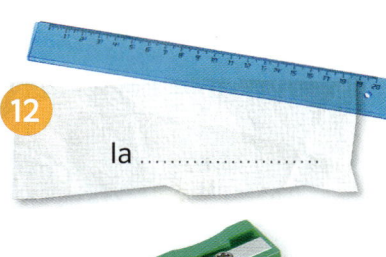

12 la ....

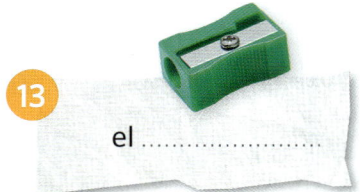

13 el ....

El material escolar CE. 1 (p. 65)

 PISTA 20

1 Escucha y escribe estos nombres debajo del objeto adecuado.

los libros · la mochila · el lápiz · la regla
el sacapuntas · los cuadernos · los bolígrafos
la calculadora · el rotulador · el estuche
el archivador · la goma · las tijeras

2 Escribe el nombre de tres objetos.

▸ En tu mochila → el libro…
▸ En tu estuche → la goma…

3 Elige cuatro objetos de tu mochila. Pregunta a tu compañero. Él dice qué es.

¿Qué es?   Es un estuche.

Para preguntar por cosas, usas ¿qué…?

Las asignaturas CE. 2 (p. 66)

4 Observa los iconos y relaciona las dos partes de cada asignatura. Luego, lee los nombres.

1 Mate	a	Sociales
2 Educación Plástica	b	logía
3 Ciencias	c	Física
4 In	d	máticas
5 Fran	e	y Literatura
6 Ciencias de	f	y Visual
7 Lengua	g	la Naturaleza
8 Educación	h	glés
9 Mú	i	sica
10 Tecno	j	cés

[**Ahora tú**]

6 Contesta a Raquel.

¿Cuál es tu asignatura favorita?

5 ¿En qué asignatura Raquel estudia…?

1 Los verbos *to be* y *to have*.
2 Los continentes.
3 Los animales.
4 La vida de Cervantes.

cuarenta y tres **43**

Lección

8 Mis clases

Raquel explica qué hace en el instituto

PISTA 21

1 Escucha y lee qué hacen Raquel y sus compañeros en clase.

INGLÉS

Estudiamos con ordenadores. Escuchamos diálogos, vemos vídeos, hacemos ejercicios de gramática, aprendemos palabras... No escribimos en el libro.

Hoy es martes. Los martes por la mañana estudio tres asignaturas.

LENGUA Y LITERATURA

El profe⁽¹⁾ explica la lección. Estudiamos la biografía de escritores importantes. Leemos textos y escribimos las explicaciones del profesor en el cuaderno. Respondemos a las preguntas del* profesor.

GEOGRAFÍA

Escuchamos al** profe. Aprendemos los nombres de los países. Dibujamos mapas y buscamos información en Internet.

(1) Los alumnos dicen *el profe, la profe.*

Las clases de Raquel

2 Ahora, di si es verdadero (V) o falso (F) según los textos.

Raquel y sus compañeros...

1 Leen textos en clase de Inglés.
2 En clase de Geografía ven vídeos.
3 No escriben en el libro de Inglés.
4 Aprenden sobre escritores famosos en clase de Literatura.
5 Aprenden sobre países en clase de Geografía.

	V	F
1	☐	☐
2	☐	☐
3	☐	☐
4	☐	☐
5	☐	☐

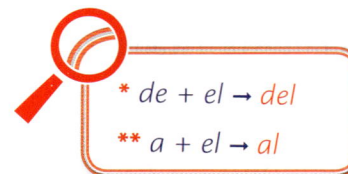

* de + el → del
** a + el → al

El presente: verbos regulares

3 Observa las palabras en rojo de los textos anteriores y escríbelas debajo del infinitivo, como en el modelo.

1 estudiar
   estudiamos

2 leer

3 escribir

4 aprender

5 dibujar

6 explicar

7 buscar

8 escuchar

9 responder

HABLAR	LEER	ESCRIBIR
hablo	leo	escribo
hablas	lees	escribes
habla	lee	escribe
hablamos	leemos	escribimos
habláis	leéis	escribís
hablan	leen	escriben

Los verbos *ver* y *hacer*

4 Completa con estas formas verbales.

ves · hace · hacéis · vemos · ven

	VER	HACER
(yo)	veo	hago
(tú)		haces
(usted, él, ella)	ve	
(nosotros/as)		hacemos
(vosotros/as)	veis	
(ustedes, ellos/as)		hacen

Los pronombres personales

5 Escribe el pronombre personal de estas formas, como en el modelo.

1 respondo... *yo*
2 estudias ....
3 veo ....
4 vive ....
5 haces ....
6 dibujáis .....
7 hacen ....
8 escribimos
9 hago ....
10 tenemos ...
11 aprendes...
12 escucha.....

La frase negativa

6 Raquel habla de su clase de Inglés. Escucha y marca las frases correctas.

1 ☐ Su profesor es inglés.
  ☐ Su profesor no es inglés.
2 ☐ Escucha diálogos.
  ☐ No escucha diálogos.
3 ☐ Aprende poesías.
  ☐ No aprende poesías.

Hoy es lunes. No tengo clase de Inglés.

no + verbo

[Ahora tú]

7 Explica qué haces y no haces en clase de Español.

Hablo con el profesor. No escribo en el libro.

Lección 9

¿Dónde están?

Raquel está en clase de Música

Mis compañeros    CE. 7 (p. 68)

 **1** Escucha a Raquel y observa la foto.
PISTA 23

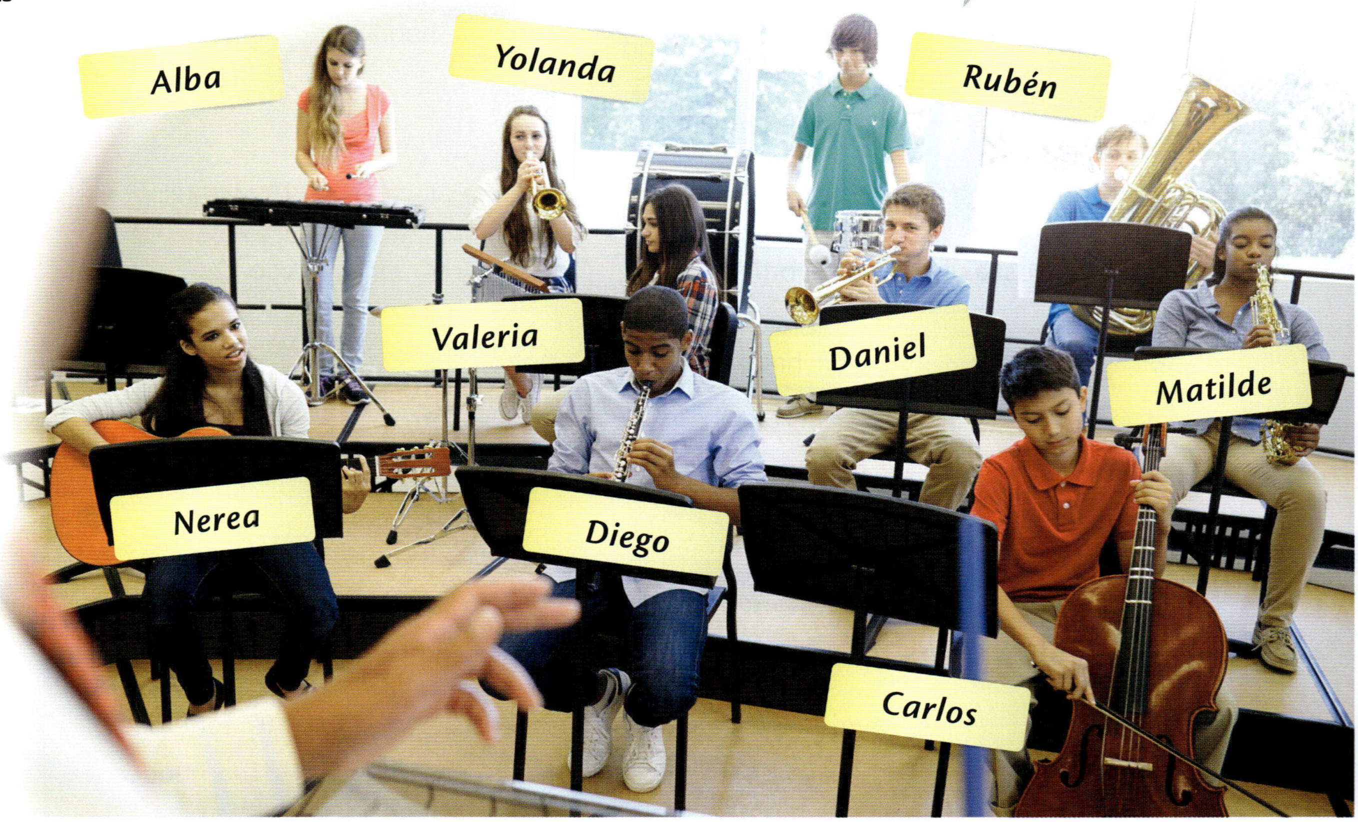

2 Lee y completa con las expresiones del cuadro.

Hoy es lunes y son las diez y diez (10:10 h).
Estoy *en* la clase de Música.
Mis compañeros están sentados _____ las sillas, excepto Alba y Rubén.
Nerea está _____ Diego. Diego y Carlos están _____ Daniel. Matilde está _____ Carlos. Daniel está _____ Matilde y Valeria.
Y yo, ¿dónde estoy?
¡Pues yo hago la foto!

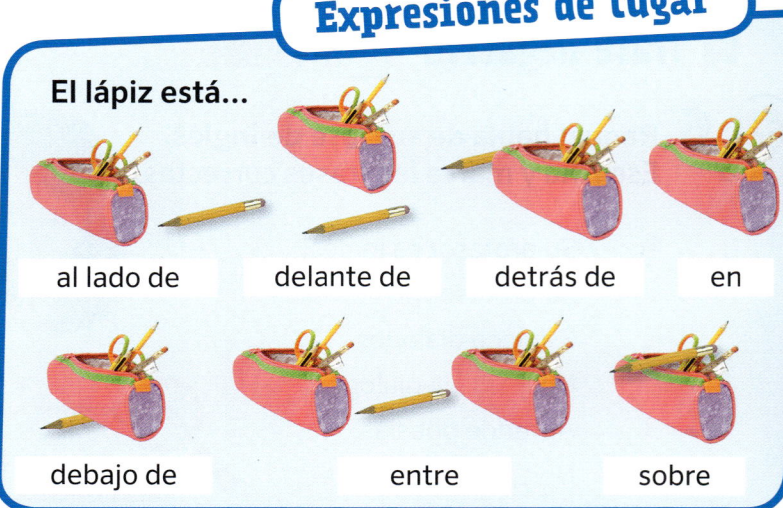

Expresiones de lugar

El lápiz está...

al lado de   delante de   detrás de   en

debajo de   entre   sobre

46 cuarenta y seis

El verbo estar

3 Completa con *está/están* y di si las frases son verdaderas (V) o falsas (F).

1. Los bolígrafos .... al lado del estuche.
2. El sacapuntas .... detrás de los libros.
3. El estuche .... sobre los libros.
4. La goma .... delante del estuche.
5. Las tijeras .... sobre el cuaderno.
6. La regla .... debajo del cuaderno.

VERBO ESTAR
estoy
estás
está
estamos
estáis
están

El nombre: singular y plural

4 Lee y completa la regla con las palabras en plural.

Regla

singular	plural
• Terminados en **vocal**: *estuche, libro, mesa*	• + **s**: ...., ..., ...
• Terminados en **consonante**: *ordenador*	• + **es**: ....
• Terminados en **-z**: *lápiz*	• **-z** → **-ces**: ....
• Terminados en **-ión**: *lección*	• **-ión** → **-iones**: ....

Excepción: • *El cumpleaños* → *los cumpleaños*   • *El sacapuntas* → *los sacapuntas*

5 Escucha y escribe las palabras. Luego, escribe el plural.

1. *El amigo/Los amigos.*
2. ....
3. ....
4. ....

La hora

6 Observa.

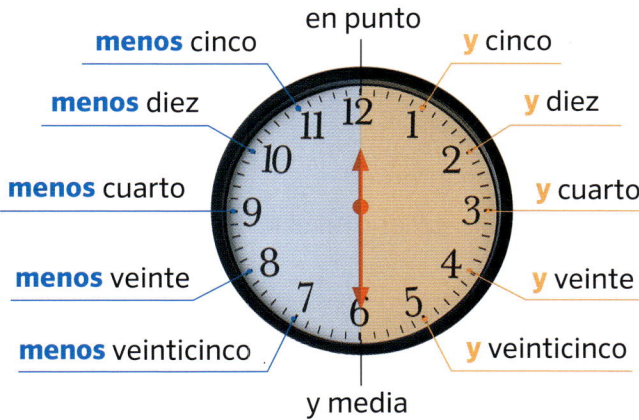

- **menos** cinco — en punto — **y** cinco
- **menos** diez — **y** diez
- **menos** cuarto — **y** cuarto
- **menos** veinte — **y** veinte
- **menos** veinticinco — **y** veinticinco
- y media

7 Elige un reloj. Tu compañero dice la hora.

Reloj número 3.   *Son las...*

1   2   3

¿Qué hora es?
• *Es la una. / Son las tres y veinte.*

[Ahora tú]

8 Di el nombre de un compañero de clase y explica dónde está.

cuarenta y siete **47**

Repasas la gramática

Escribe las respuestas en tu cuaderno

El presente: verbos regulares e irregulares

1 Escribe el verbo en la persona adecuada. Después, termina las frases con las expresiones del cuadro. Hay varias posibilidades.

- Geografía
- un mapa
- la lección
- frases
- *vídeos* ✓
- información en Internet
- verbos
- al profesor
- ejercicios
- un texto
- fotos
- a la pregunta del profesor

1. ver (yo) — *Veo vídeos.*
2. estudiar (ellos)
3. buscar (ella)
4. explicar (vosotros)
5. leer (yo)
6. escribir (él)
7. escuchar (tú)
8. responder (nosotros)
9. dibujar (tú)
10. hacer (yo)

Los pronombres sujeto

2 Escribe el pronombre sujeto como en el modelo.

1. explico — *yo*
2. respondemos
3. dibujáis
4. explica
5. estudias
6. aprenden

La frase negativa

3 Relaciona las dos partes de cada frase.

1. Hoy es domingo
2. Mi amigo Lucas
3. En clase de Inglés
4. Cristina no tiene
5. Hoy no hacemos

a. ejercicios de gramática.
b. *no tenemos clase.*
c. no habláis español.
d. amigos en Internet.
e. no estudia Italiano en el instituto.

El verbo *estar*

4 Completa las formas y escribe el pronombre personal.

1. e s t á s, *tú*
2. e _ t á _ _,
3. e _ t   y,
4. e _ _ _ n,
5. e s _ _,
6. _ s t _ _ _ s,

48 cuarenta y ocho

Las expresiones de lugar

5 Indica la expresión correcta.

1 *La mochila está* ••• *la mesa.*
- a debajo de ✓
- b detrás de la

2 El libro está ••• silla.
- a sobre la
- b al lado de la

3 El sacapuntas está ••• la calculadora y el boli.
- a en
- b entre

4 La calculadora está ••• bolígrafo.
- a detrás del
- b delante del

5 El lápiz está ••• el estuche.
- a en
- b sobre

El nombre: singular y plural

6 Pon las palabras en plural.

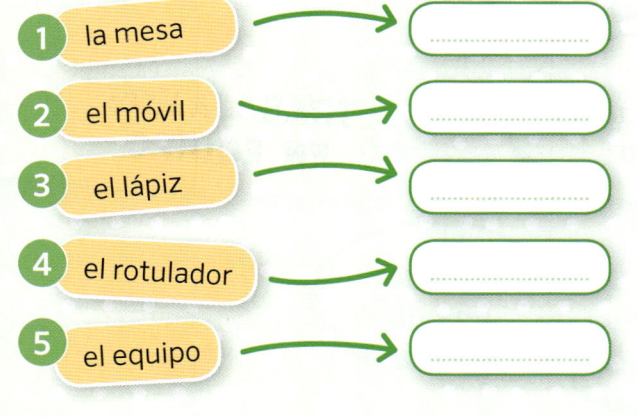

7 Clasifica estas palabras.

1 *reloj* ✓
2 preguntas
3 compañeros
4 clase
5 archivadores
6 perros
7 calculadora
8 nacionalidad
9 idioma
10 capital

▶ singular
reloj

▶ plural

8 Escribe las palabras singulares anteriores en plural.

1 *relojes*
2 ....
3 ....
4 ....
5 ....
6 ....

Vivir en sociedad

La convivencia en el aula

1 Observa las fotos y relaciona cada una con su texto. Después, clasifícalas en el lugar adecuado.

1

2

3

4

5

Levantamos la mano para hablar. ☐

Perdón, ¿cómo se escribe? ☐

No entiendo, ¿puede repetir, por favor? ☐

¿Puedo trabajar contigo? ☐

¿Tienes un boli? ☐

Sí, toma. ☐

SOMOS PUNTUALES 1

SOMOS EDUCADOS ☐ ☐

TRABAJAMOS EN EQUIPO ☐

COMPARTIMOS ☐

2 Ahora, di si *está bien* o si *está mal* hacer esto.

1 ☐   2 ☐   3 ☐   4 ☐   5 ☐

50 cincuenta

ÁREA de Tecnología

El ordenador

1 Completa las palabras con estas sílabas.

Sílabas: te, pan, lla, ra, ve, ta, cam

1. la web ___
2. la ___ ta ___
3. la lla __ USB
4. el __ tón
5. los al __ voces
6. el __ clado

Internet

2 Observa las letras finales y di de qué país son estas direcciones.

a *http://www.dgt.es* ....*España*.......
b http://www.ferrari.it ....
c http://www.louvre.fr ....
d http://www.virtualmuseum.ca ....
e http://www.mcclaren.uk ....

Para navegar y aprender con seguridad en Internet

- No dar datos personales.
- No enviar fotos.
- Chatear solo con amigos y amigas, no con personas que no conoces.
- No decir tus contraseñas.
- No descargar programas ilegales.
- No abrir correos de personas que no conoces.
- No contestar mensajes extraños.
- No entrar en páginas que piden dinero.

3 Lee y ordena de más (+) a menos (−) importantes estos puntos sobre el uso seguro de Internet. ¿Qué haces tú y qué no haces?

Taller de lectura

Ana Alonso

Es una escritora española, de Tarrasa, Barcelona, y es profesora de Biología.
Estudió Ciencias Biológicas en León y también estudió en Escocia y París.
Le gusta mucho escribir libros de ciencia ficción y fantasía, pero también escribe libros de poesía.
Puedes leer muchos de sus libros en francés, alemán, japonés, coreano y turco. Con Javier Pelegrín ha escrito la serie de fantasía y ciencia ficción *La llave del tiempo* y otras sagas como *Tatuaje*, *Yinn*, *Odio el Rosa* y *La reina de Cristal*.
Tiene muchos premios de literatura.

1. Lee el texto, subraya las palabras que conoces.

La nota de Emma

Raúl abrió la agenda escolar para anotar la fecha del examen de Matemáticas y se quedó mirando la página del 22 de marzo con la boca entreabierta. Ese era precisamente el día del examen, y la página debería haber estado en blanco, pero no lo estaba. Alguien había escrito una nota en la parte de arriba con tinta morada:

«Abre el libro de Plástica por la página 63. Por favor, tienes que hacerlo hoy mismo. Es muy importante».

—Raúl, ¿qué te pasa? —preguntó Sofía, la profesora de Matemáticas—. ¿No has oído la pregunta?

—Lo siento, Sofía. Estaba distraído, perdona.

La había encontrado dentro del libro de Plástica, al abrirlo por la página 63; era un pequeño rectángulo de cartulina violeta con unas líneas de texto:

> El 16 de marzo cumplo trece años, y me gustaría celebrarlo contigo. La fiesta es en mi casa, desde las ocho de la tarde hasta la medianoche. Mi dirección es calle del Cuervo, 35. Está justo detrás del parque viejo. Habrá otros invitados. Por favor, si no puedes venir, llámame al 600 800 874.
>
> Emma

Adaptado de Antes de medianoche
Ed. Anaya, 2013

2. ¿Verdadero o falso?

1. El examen de Plástica es el 22 de marzo. V F
2. Sofía enseña Matemáticas. V F
3. El cumpleaños de Raúl es en marzo. V F
4. Emma tiene 12 años. V F

DELE ESCOLAR

Comprensión de lectura

Lee esta información sobre las actividades de los diferentes departamentos de un instituto español. Después, lee las preguntas (1-8) y elige la opción correcta (a, b o c).

Departamento	Actividad	Curso	Fecha
Artes Plásticas	Concurso de dibujo con el tema "El Día de la Tierra"	1.º secundaria	22 de abril
Biología y Ciencias Naturales	Excursión a las Fuentes del río Algar	3.º secundaria	24 de marzo
Educación Física	Participación en el Campeonato Interescolar de Atletismo	Todos (excepto 1.º y 2.º bachillerato)	12 al 16 de mayo (Estadio municipal)
Filosofía	Conferencia "Platón y el mundo de las Ideas"	2.º bachillerato	12 de abril
Física y Química	Exposición de los proyectos y experimentos ganadores de la Semana de la Ciencia	Todos	1-5 de febrero
Lengua Castellana	Visita guiada a la Biblioteca Nacional	4.º secundaria	8 de febrero
Lengua Inglesa	Concurso de redacción en lengua inglesa sobre el tema "Día del Teatro"	1.º y 2.º bachillerato	27 de marzo
Música	Concierto de final de curso (pueden asistir las familias)	Todos	15 de junio (Salón de actos, Casa de la Cultura)
Orientación Pedagógica	Semana de orientación universitaria. Con la participación de profesores de diferentes facultades	2.º bachillerato	2 al 6 de mayo (Salón de actos del instituto)
Actividades Extraescolares	Semana cultural	Todos	1-5 junio

1. Los alumnos de 1.º de secundaria van a ....
   a. escribir   b. pintar   c. cantar

2. La exposición de la Semana de la Ciencia dura ....
   a. cinco días
   b. seis días
   c. siete días

3. .... van a ir al campo.
   a. Todos los alumnos del instituto
   b. Los alumnos de 3.º de secundaria
   c. Los alumnos de 1.º de secundaria

4. Los alumnos de 2.º de bachillerato van a ....
   a. dar una conferencia
   b. ir a la universidad
   c. informarse sobre la universidad

5. Los alumnos de 4.º de secundaria visitan un .... el 8 de febrero.
   a. museo   b. edificio   c. parque

6. Los alumnos de 1.º y 2.º de bachillerato van a .... en inglés.
   a. escribir
   b. hacer una obra de teatro
   c. ver una obra de teatro

7. .... van a hacer deporte.
   a. Todos los estudiantes del centro
   b. Los estudiantes de bachillerato
   c. Los alumnos de 1.º a 4.º de secundaria

8. Las familias de los alumnos del centro pueden .... el 15 de junio.
   a. cantar
   b. escuchar música
   c. ir al colegio

MAGACÍN

¿Español? ¡Por supuesto!

UN INSTITUTO ESPAÑOL

1 Lee lo que escribe Lucas sobre el sistema escolar.

¡Hola!

Me llamo Lucas y tengo 12 años. Estudio 1.º de ESO (Educación Secundaria Obligatoria) en el Instituto El Greco. En España, la enseñanza es obligatoria hasta los 16 años.

En el colegio (o escuela) estudiamos:
- educación infantil (hasta los 6 años)
- educación primaria (de 6 a 12 años). De educación primaria hay seis cursos, de 1.º a 6.º.

En el instituto estudiamos:
- ESO (de 12 a 16 años). Hay cuatro cursos, de 1.º a 4.º
- bachillerato o formación profesional (de 16 a 18 años). Hay dos cursos, 1.º y 2.º.

En la ESO el curso empieza en septiembre y termina en junio. Tenemos exámenes tres veces al año: en diciembre, en marzo y en junio. Pero los alumnos que no aprueban porque tienen menos de 5 puntos en una asignatura tienen un examen extra en septiembre.

Yo siempre apruebo Geografía e Historia y Tecnología. Son mis asignaturas favoritas.

En mi instituto hay diferentes actividades extraescolares, baloncesto los lunes, teatro los martes, y coro los jueves. Yo participo en baloncesto y coro.

¡Me gusta mi instituto!

1.º primero
2.º segundo
3.º tercero
4.º cuarto
5.º quinto
6.º sexto

2 Elige tres de estas preguntas sobre Lucas y las haces a tres compañeros.

1 ¿En qué curso está?
2 ¿Estudia en un colegio o en un instituto?
3 ¿Cuáles son sus asignaturas favoritas?
4 ¿Cuántos idiomas estudia?
5 ¿Qué días tiene actividades extraescolares?

LAS NOTAS

Instituto El Greco

Informe de la evaluación
Segunda del 1.º Curso
Educación Secundaria Obligatoria (ESO)

MATERIAS	CALIFICACIÓN
Ciencias Sociales: Geografía e Historia	7,5
Tecnología	7
Matemáticas	6,5
Lengua Extranjera: Inglés	7
Lengua y Literatura	8
Educación Plástica y Visual	5
Ciencias de la Naturaleza	3,5
Música	8,5
Educación Física	8,5

Alumno: Lucas Pérez Martín

3 Observa las notas de Lucas y explica qué notas tienes tú.

0 - 4	Insuficiente	Suspenso
5	Suficiente	Aprobado
6	Bien	
7 - 8	Notable	
9 - 10	Sobresaliente	

LAS VACACIONES

NAVIDAD

SEMANA SANTA

VERANO

> En Navidad tenemos 3 semanas (desde el 20 o 21 de diciembre hasta el 7 de enero).

> En verano tenemos 11 semanas (2 semanas en junio, 4 semanas en julio, 4 en agosto y 1 semana en septiembre).

> En Semana Santa tenemos una semana. En marzo o abril.

PROYECTO cultural

Prepara una presentación oral sobre tu instituto ideal.

◆ Qué horario tiene.
◆ Qué asignaturas ofrece.
◆ Qué actividades extraescolares tiene y cuándo.
◆ Cuándo son las vacaciones.

¿Español? ¡Por supuesto! nivel A1.1

Cuaderno de ejercicios

Unidad **0**	Esto es español	57
Unidad **1**	¿Cómo te llamas?	59
Unidad **2**	¿De dónde eres?	62
Unidad **3**	¿Qué estudias?	65

Diccionario visual 69

Fonética y ortografía 72

Resumen de gramática 75

Transcripciones 78

Cuaderno de ejercicios

UNIDAD 0 — Esto es español

1 Separa las palabras y escribe las mayúsculas necesarias. Luego, une con flechas las frases y las situaciones.

1. soynatalia. ....
2. ¡hola!buenastardes. ....
3. ¡hastaluego! ....
4. ¡hola!buenosdías. ....
5. ¡hola!¿quétal? ....

a. Despedirse
b. Presentarse
c. Saludar

2 Lee el deletreo y escribe las palabras.

1. eme, a, erre, i, cu, u, i, te, a
2. ene, u, e, zeta
3. ge, a, ele, ele, e, te, a
4. erre, e, ge, a, ele, o
5. pe, i, eñe, a
6. efe, u, te, be, o, ele, i, ese, te, a
7. erre, e, ele, o, jota
8. ge, u, i, te, a, erre, erre, a

1. _ _ _ _ _ _ _ _ _   2. _ _ _ _ _   3. _ _ _ _ _ _ _ _   4. _ _ _ _ _ _ _

5. _ _ _ _ _   6. _ _ _ _ _ _   7. _ _ _ _ _ _   8. _ _ _ _ _ _ _ _

cincuenta y siete **57**

3 Separa y escribe los números en cifras.

nueve cinco uno tres siete dos seis diez cuatro ocho diez cero

a. 9 e. .... i. ....
b. .... f. .... j. ....
c. .... g. .... k. ....
d. .... h. .... l. ....

4 Escribe las tildes necesarias en los nombres de estas ciudades españolas.
(Observa la última letra).

5 Ahora, clasifica los nombres de las ciudades anteriores.

La sílaba fuerte es la última. xx**x**	La sílaba fuerte es la penúltima. x**x**x	La sílaba fuerte es la antepenúltima. **x**xx

¿Cómo te llamas?

Lección 1

1 Ordena los nombres de los días de la semana.

- sábado
- miércoles
- lunes
- domingo
- jueves
- martes
- viernes

1 ....
2 ....
3 ....
4 ....
5 ....
6 ....
7 ....

2 Escribe los números en letras en el crucigrama.

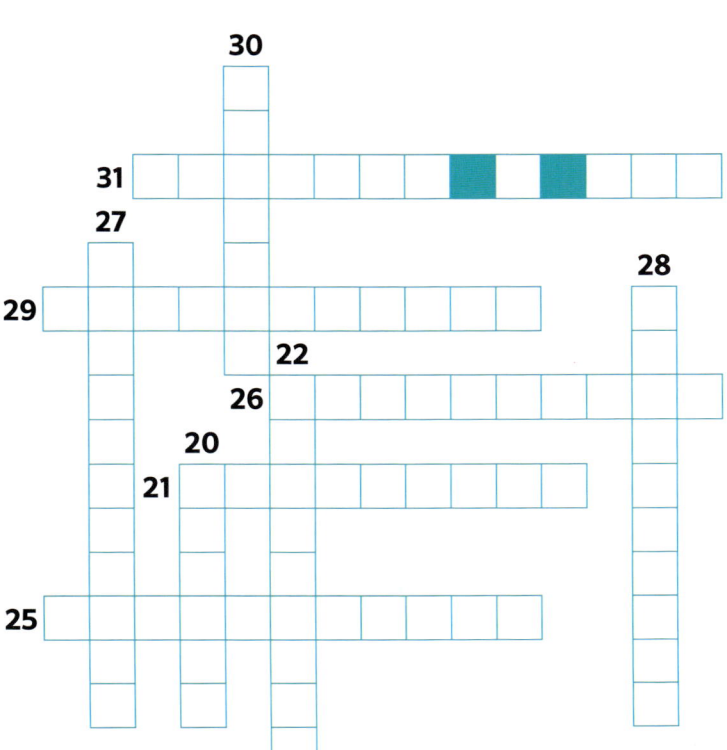

cincuenta y nueve **59**

3 Calcula. Escribe los resultados con letras.

1. 7 + 3 = ...
2. 3 x 5 = ...
3. 2 x 10 = ...
4. 17 − 4 = ...
5. 10 + 4 + 3 = ...
6. 8 + 6 = ...
7. 15 + 4 = ...
8. 20 − 4 = ...
9. 2 x 6 = ...
10. 20 + 2 = ...

Lección 2

4 Ordena la conversación.

- ☐ ¿Tus apellidos?
- ☐ Y vosotros, ¿quiénes sois?
- ☐ 1 ¡Hola, chicos, buenas tardes! Soy la entrenadora, me llamo Carmen Medina Toledo. Y tú, ¿cómo te llamas?
- ☐ Y tú eres...
- ☐ Moreno Casas.
- ☐ Me llamo María.
- ☐ Yo soy Lucas Rubio Palacios y él es Marcos López Ruiz.

5 Rodea las formas del verbo *ser* y escribe los pronombres personales como en el modelo.

hola**sois**apellidoeresamigoyosoyentrenadorasomoschicosonnombrees

vosotros/as

6. Escribe los verbos en presente en el crucigrama.

1. tener, él
2. tener, ustedes
3. ser, nosotros
4. vivir, ella
5. vivir, ellos
6. llamarse, nosotros
7. llamarse, ellas
8. tener, nosotros
9. tener, tú
10. ser, tú
11. llamarse, yo
12. vivir, tú
13. vivir, nosotros
14. vivir, yo
15. ser, yo
16. tener, yo

Lección 3

7. Ordena las palabras.

1. fútbol/la/Dónde/¿/vive/de/entrenadora/?
2. el/se/¿/Cómo/profesor/?/llama
3. el/Quién/¿/es/?/chico
4. tu/favorito/¿/Cuál/es/número/?
5. ¿/tiene/años/¿/Cuántos/Víctor
6. chicas/son/¿/Quiénes/?/las
7. José/son/¿/apellidos/Cuáles/los/?/de

8. Escribe las preguntas correspondientes.

1. .... Son dos amigos de José.
2. .... Mis apellidos son Martín Alonso.
3. .... Vivimos en Madrid.
4. .... El chico se llama Pedro.
5. .... Lucía tiene doce años.
6. .... Mi día favorito es el domingo.

¿De dónde eres?

Lección 4

1 Rodea los nombres de 14 países.

F	P	G	R	E	C	I	A	S	A	T	M	O
R	C	L	E	R	T	Y	U	I	U	A	É	R
A	A	L	E	M	A	N	I	A	S	I	X	A
N	N	I	M	F	G	H	J	K	T	T	I	B
C	A	S	N	D	S	C	A	C	R	A	C	R
I	D	O	P	O	R	T	U	G	A	L	O	A
A	Á	E	F	T	H	J	L	Ñ	L	I	Q	S
A	R	G	E	N	T	I	N	A	I	A	P	I
I	N	G	L	A	T	E	R	R	A	T	Y	L
E	S	T	A	D	O	S	U	N	I	D	O	S
P	U	J	A	P	Ó	N	R	F	V	G	S	O
G	M	A	R	R	U	E	C	O	S	F	M	P

2 Escribe el nombre de los continentes en el mapa.

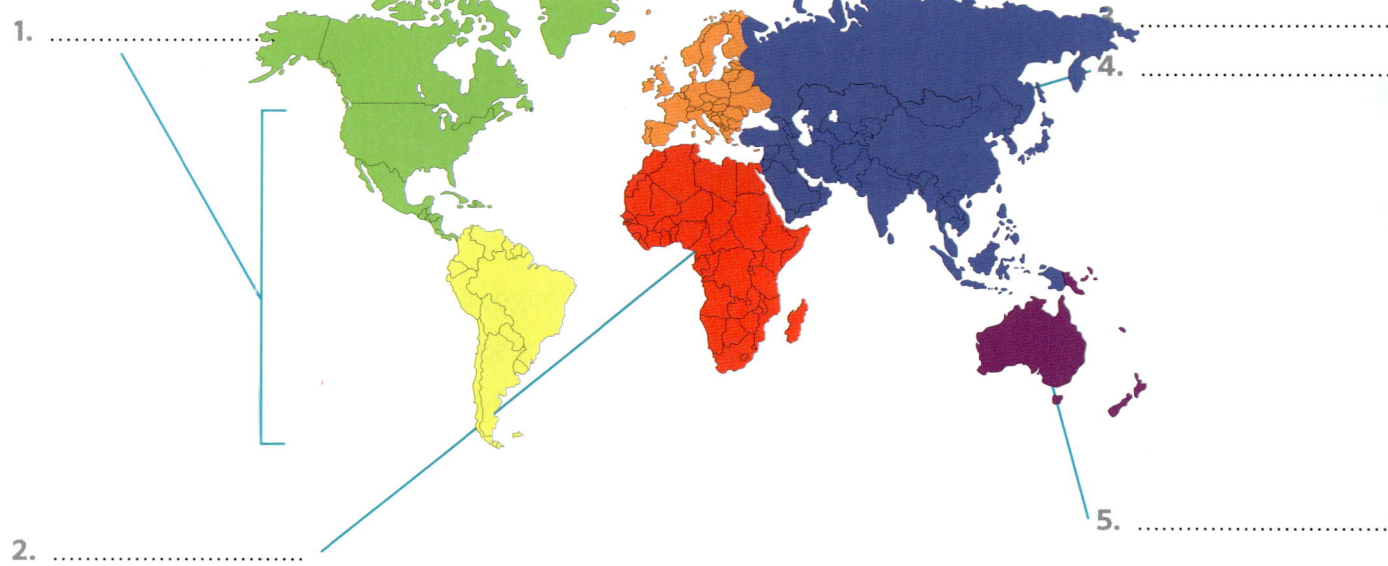

1. ....
2. ....
3. ....
4. ....
5. ....

3. Completa los nombres de los meses con las consonantes que faltan.

1. e__e__o
2. __e__ __e__o
3. __a__ __o
4. a__ __i__
5. __a__o
6. __u__io
7. __u__io
8. a__o__ __o
9. __e__ __ie__ __ __e
10. o__ __u__ __e
11. __o__ie__ __ __e
12. __i__ie__ __ __e

Lección 5

4. Relaciona las dos partes de cada nacionalidad en masculino o femenino. Luego, escribe el masculino o femenino de cada una, como en el modelo.

1. alema-
2. argen-
3. aus-
4. brasi-
5. cana-
6. estadouni-
7. fran-
8. grie-
9. ingle-
10. ita-
11. japo-
12. marro-
13. mexi-
14. portu-
15. ru-

a. -cana
b. -cés
c. -dense
d. -diense
e. -ga
f. -guesa
g. -leña
h. -liano
i. -traliano
j. -na
k. -nés
l. -quí
m. -sa
n. -so
ñ. -tina

1. *alemán*
2. ....
3. ....
4. ....
5. ....
6. ....
7. ....
8. ....
9. ....
10. ....
11. ....
12. ....
13. ....
14. ....
15. ....

5. Completa las frases como en el modelo.

1. Karl es alemán. David y Peter también son *alemanes*
2. Alberto es español. Julio y Rafael también son ....
3. John es inglés. Jack y Robert también son ....
4. Hélène es canadiense. Céline y Christine también son ....
5. Mario es portugués. Adriano y Benedito también son ....
6. Nathalie es francesa. Sophie y Caroline también son ....
7. Marco es italiano. Carlo y Bruno también son ....
8. Irina es rusa. Tiana y Olenka también son ....
9. Yoshima es japonés. Koji y Takumi también son ....
10. Alison es estadounidense. Kate y Pamela también son ....

Lección 6

6 Observa y clasifica estas palabras.

nacionalidad • mapa • equipo • mundo • información • instituto • nombre • martes • fecha • foto • profesor • conversación • compañera • consonante • ciudad • día • amiga • primavera • edad • compañera • doce • treinta • semana • lección • bandera • apellido • miércoles • sociedad

masculinas	femeninas

7 Ahora, escribe las palabras anteriores y completa con el artículo (*el, la/un, una*).

1. ....
2. ....
3. ....
4. ....
5. ....
6. ....
7. ....
8. ....
9. ....
10. ....
11. ....
12. ....
13. ....
14. ....
15. ....
16. ....
17. ....
18. ....
19. ....
20. ....
21. ....
22. ....
23. ....
24. ....
25. ....
26. ....
27. ....
28. ....

8 Escribe estas fechas como en el modelo.

1. 16/06 — dieciséis de junio
2. 19/04 — ....
3. 09/09 — ....
4. 22/07 — ....
5. 30/03 — ....
6. 21/01 — ....
7. 15/10 — ....
8. 13/12 — ....
9. 31/08 — ....
10. 28/02 — ....
11. 21/11 — ....
12. 29/05 — ....

¿Qué estudias?

Lección 7

1 a Escribe las vocales.

1. __st__ch__
2. g__m__
3. r__gl__
4. t__j__r__s
5. s__c__p__nt__s
6. c__ __d__rn__
7. b__l__gr__f__
8. c__lc__l__d__r__
9. r__t__l__d__r
10. l__p__z
11. l__br__
12. m__ch__l__

b Ahora, clasifica las palabras en la tabla.

el	la	las

2 Rodea el nombre de las asignaturas. Une con flechas los nombres y las imágenes.

tecnologíalenguayliteraturamatemáticas**inglés**francéscienciassociales
cienciasdelanaturalezaeducaciónfísicamúsicaeducaciónplásticayvisual

Lección 8

3 Escribe las formas en el crucigrama.

1. leer, él
2. explicar, tú
3. aprender, vosotros
4. describir, nosotros
5. ver, yo
6. conjugar, ellos
7. dibujar, tú
8. buscar, vosotros
9. hacer, yo
10. escribir, tú
11. aprender, nosotros
12. escuchar, ellos
13. responder, yo
14. ver, ellos
15. dibujar, yo
16. buscar, ella
17. escribir, yo
18. conjugar, nosotros
19. hacer, él
20. leer, tú
21. aprender, yo
22. hacer, ellos

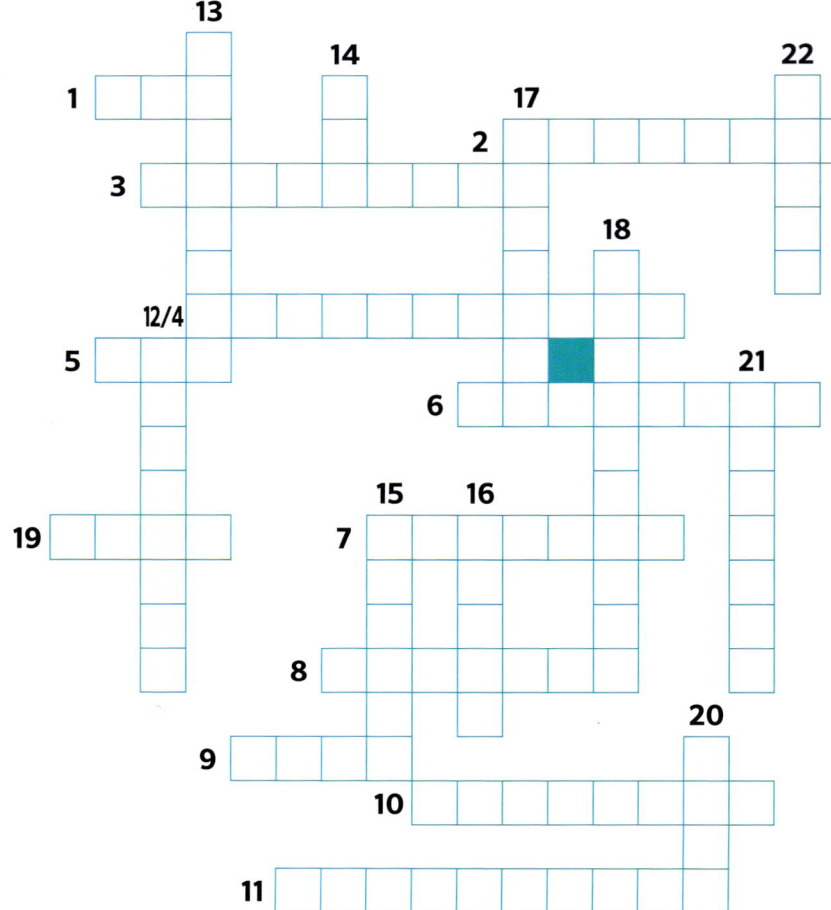

66 sesenta y seis

4 Relaciona las formas verbales con los pronombres personales.

1. hablas
2. explican
3. escucháis
4. respondéis
5. veis
6. dibujo
7. escribes
8. lee
9. aprende
10. hablan

a. yo
b. tú
c. Ud., él, ella
d. nosotros/as
e. vosotros/as
f. Uds., ellos/as

11. hacen
12. ven
13. buscamos
14. escribimos
15. hago
16. estudiáis
17. haces
18. escuchas
19. estudio

5 Escribe las frases en la forma negativa.

1. Respondo a mi compañero. ....
2. Hoy estudias Matemáticas. ....
3. Escribís frases en la pizarra. ....
4. Buscamos información en Internet. ....
5. Dibujamos mapas. ....
6. Estudiamos con tabletas. ....
7. Veo un vídeo. ....
8. Hoy haces un ejercicio de vocabulario. ....
9. Beatriz aprende la lección. ....
10. Hablo inglés. ....

Lección 9

6 Escribe los pronombres personales.

1. está ....
2. estáis ....
3. estoy ....
4. están ....
5. estás ....
6. estamos ....

7 Relaciona como en el modelo.

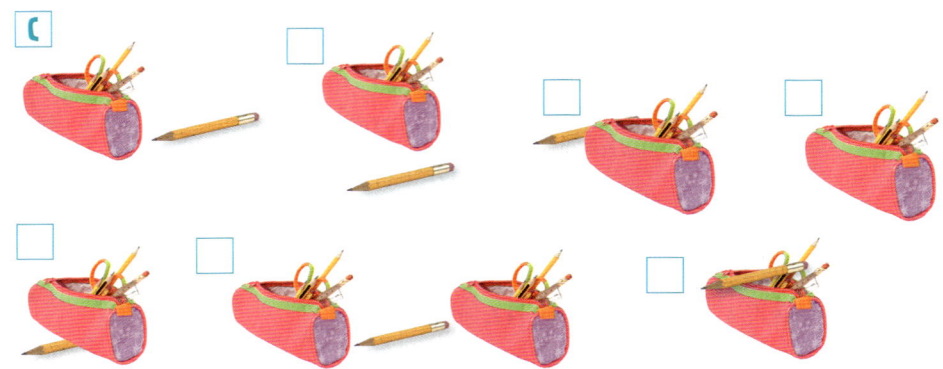

El lápiz está...
a. en el estuche
b. sobre el estuche
c. al lado del estuche ✓
d. entre los estuches
e. detrás del estuche
f. debajo del estuche
g. delante del estuche

8 Escribe los plurales en la tabla.

actividad • explicación • año • rotulador • bandera • conversación • nombre • compañero • país • día • semana • información • frase • edad • móvil • apellido • número • palabra • nacionalidad • equipo • ordenador • lección • camiseta • lápiz • amigo • comunidad

singular + -s	singular + -es	-ión > -iones	-z > -ces

9 Escribe las horas.

1. .... 2. .... 3. .... 4. .... 5. ....

6. .... 7. .... 8. .... 9. .... 10. ....

Diccionario visual

El material escolar

 el archivador
 el bolígrafo
 la calculadora
 el sacapuntas
 la goma
 las tijeras

 el cuaderno
 el estuche
 el rotulador
 los libros
la regla

 la mochila
 las pinturas
 el lápiz
 el clip

Las asignaturas

 Lengua y Literatura
 Química
 Física
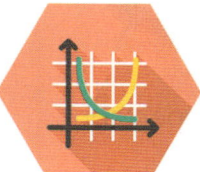 Matemáticas
 Tecnología
 Geografía

 Biología
 Música
 Historia
 Educación Plástica y Visual
 Educación Física
 Dibujo Técnico

sesenta y nueve

Más palabras

 los auriculares

 el balón

 la bombilla

 la bici

 la cámara

 la camiseta

 el collar

 la consola

 la clase

 el despertador

 las gafas

 los globos

 la gorra

 la guitarra

 la hamburguesa

 la lavanda

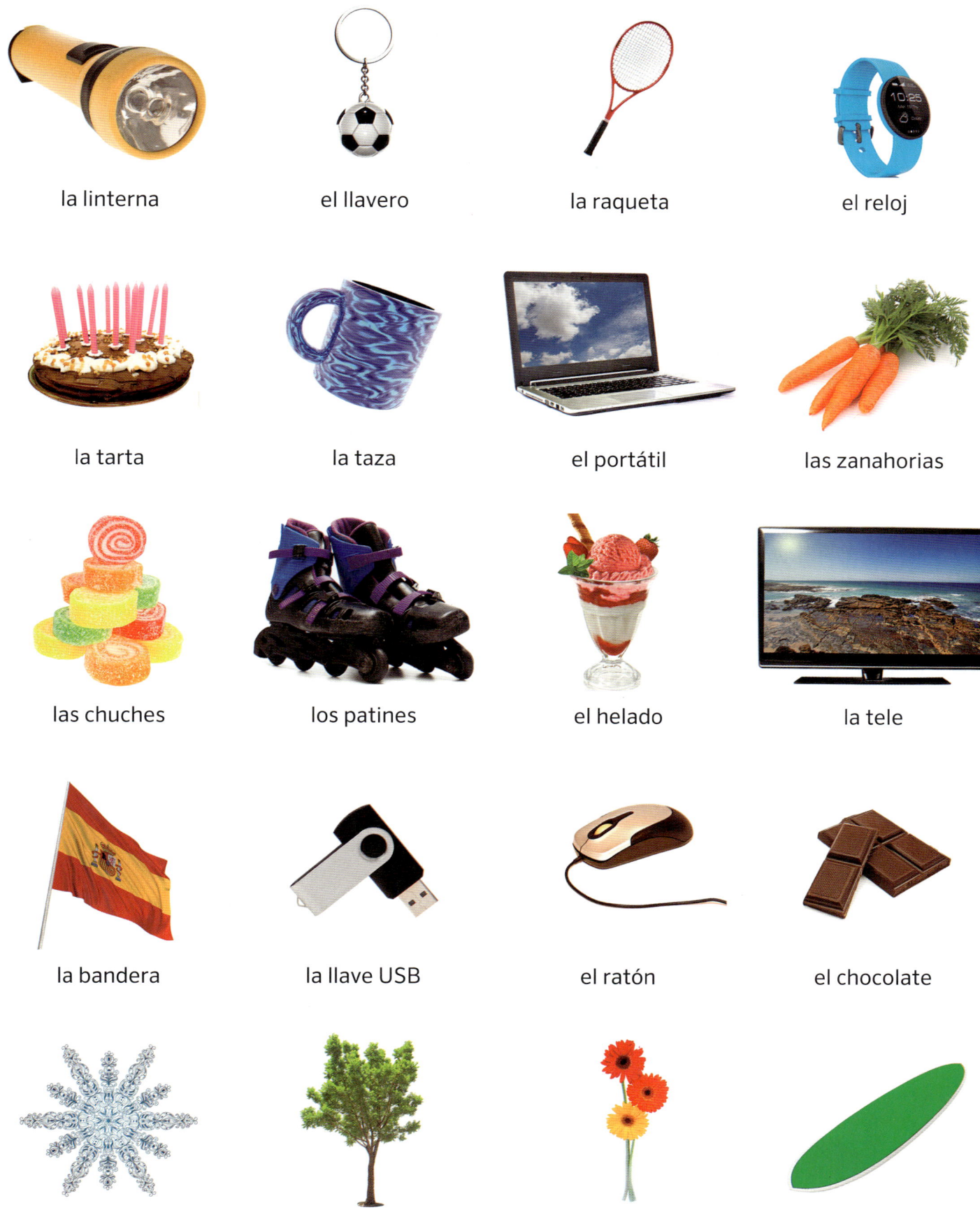

Fonética y ortografía

Así se pronuncia y se escribe en español

• La *l* y la *ll*

1 Escucha estos nombres de ciudades españolas. Indica qué letra oyes: *l* o *ll*.
(pista 25)

	l	ll			l	ll
1.	☐	☐		6.	☐	☐
2.	☐	☐		7.	☐	☐
3.	☐	☐		8.	☐	☐
4.	☐	☐		9.	☐	☐
5.	☐	☐		10.	☐	☐

2 Escucha de nuevo y repite cada palabra.
(pista 25)

Sevilla • Castellón • Málaga • Valencia • Pamplona • Mallorca
Alicante • Marbella • Trujillo • Barcelona

• La *n* y la *ñ*

3 Escucha y completa estas palabras con *n* o *ñ*. Después, lee en voz alta.
(pista 26)

1. la pi__a   2. la ra__a   3. la ara__a   4. las casta__as   5. las ma__os

6. el __ido   7. las monta__as   8. el pa__uelo   9. el aba__ico   10. el __i__o

• La *y*

4 Escucha y observa.

> y, estoy, hoy, Yolanda, Amaya.

5 Ahora, relaciona.

1. y sola y final se pronuncia como
2. y + vocal se pronuncia como

a. la *ll*
b. la *i*

6 Pronuncia estas palabras. Luego, escucha y comprueba.

1. el jersey 2. el payaso 3. el buey 4. la papaya 5. el yoyó

6. el rey 7. el yogur 8. Paraguay 9. la playa 10. Uruguay

• La *c* y la *qu*

7 Lee, escucha y repite.

> La c se pronuncia [θ] delante de *e/i*.

1. el lince 2. el doce 3. la cebra

4. la ciruela 5. el cien 6. el cielo

setenta y tres **73**

Resumen de gramática

Los pronombres personales (pág. 13)

	singular	plural
1.ª persona	yo	nosotros/as
2.ª persona	tú	vosotros/as
3.ª persona masculino y femenino. Informal	él/ella	ellos/ellas
3.ª persona masculino o femenino. Formal	usted	ustedes

Esta forma se utiliza para referirnos a la persona tú o vosotros, pero formalmente.

▶ En español, el pronombre personal no es necesario, pero sí se usa en estos casos:
  ◆ Para preguntar: *Me llamo Pilar, ¿y tú?*
  ◆ Después de *y*: *Raquel y yo somos hermanas.*

▶ Usas *tú* + verbo en 2.ª persona del singular para hablar con un amigo, un compañero de clase, o una persona de tu familia:
  David, ¿tienes un lápiz?; Hola, mamá, ¿qué haces?

▶ Usas *usted/ustedes* + verbo en 3.ª persona del singular/plural para hablar con adultos que no son de tu familia:
  ¿Usted es entrenador?; ¿Ustedes son los profesores del instituto?

▶ En Hispanoamérica no se dice *vosotros/as*, se dice *ustedes*.

El verbo *ser* (pág. 13)

ser
soy
eres
es
somos
sois
son

Ser se usa para:

▶ Presentarse: *Soy Carlos.*
▶ Hablar de la nacionalidad: *¿Eres italiano?*
▶ Decir la profesión: *Soy entrenador.*
▶ Describir personas: *Son altos y rubios.*
▶ Indicar posesión: *Es mi ordenador.*
▶ Decir el día de la semana: *Es lunes.*
▶ Decir la fecha: *Hoy es 5 de octubre.*
▶ Preguntar y decir la hora:
  ¿Qué hora es? Son las 15:00.

Los verbos *llamarse, tener y vivir* (pág. 13)

llamarse	tener	vivir
me llamo	tengo	vivo
te llamas	tienes	vives
se llama	tiene	vive
nos llamamos	tenemos	vivimos
os llamáis	tenéis	vivís
se llaman	tienen	viven

Tener se usa para:

▶ Hablar de la edad: *Tengo 13 años.*
▶ Hablar de la posesión: *Ella tiene una mochila roja.*

Los interrogativos (pág. 15)

¿Quién? ¿Quiénes?	Se usan para preguntar por personas: ¿Quién es él? ¿Quiénes sois vosotros?
¿Cuál? ¿Cuáles?	Se usan para preguntar por algo específico: ¿Cuál es tu color favorito? ¿Cuáles son tus apellidos?
¿De dónde?	Se usa para preguntar por el origen o la nacionalidad: ¿De dónde eres?
¿Dónde?	Se usa para preguntar por el lugar de estudio o por la dirección: ¿Dónde estudias? ¿Dónde vives?
¿Cuántos?	Se usa para preguntar por los años: ¿Cuántos años tienes?
¿Qué?	Se usa para saludar y para preguntar por cosas: ¿Qué tal? ¿Qué es?

Resumen de gramática

La nacionalidad: género y número (pág. 29)

adjetivos de nacionalidad			
singular		plural	
masculino	femenino	masculino	femenino
consonante: *español*	+a: *española*	-es: *españoles*	-as: *españolas*
-o: *italiano*	-a: *italiana*	-os: *italianos*	-as: *italianas*
-e: *canadiense*		+s: *canadienses*	
-a: *belga*		+s: *belgas*	
-í: *marroquí*		+es: *marroquíes*	

El artículo determinado e indeterminado (pág. 31)

	masculino		femenino	
	determinado	indeterminado	determinado	indeterminado
singular	el	un	la	una
plural	los	unos	las	unas

El **artículo determinado** (el, la, los, las) se usa para hablar de algo o alguien que se conoce.
▶ Delante de nombres: *El profesor de Matemáticas está en la clase.*
▶ Con las horas y los días de la semana: *Son las 15:00. El viernes no tenemos clase por la tarde.*
▶ Con el verbo *estar*: *Allí está el instituto.*

El **artículo indeterminado** (un, una, unos, unas) se usa para hablar por primera vez de algo o alguien que no se conoce: *Tengo una guitarra nueva.*
▶ Con *hay*: *Hay un estudiante nuevo en clase.*

El nombre: género y número (págs. 31 y 47)

masculino	femenino	masculino	femenino
singular		plural	
-o: *amigo*	-a: *amiga*	+s: *amigos/as*	
consonante: *entrenador*	+a: *entrenadora*	+es: *entrenadores*	+s: *entrenadoras*
-ión: *habitación*		-iones: *habitaciones*	
-e: *estudiante*		+s: *estudiantes*	
-z: *lápiz*		-ces: *lápices*	

Son masculinos
▶ Muchos nombres que terminan en -o: *el colegio, el bolígrafo.*
▶ Los nombres de personas o animales de sexo masculino: *el padre, el gato.*
▶ Los números: *el uno, el dos...*
▶ Los días de la semana: *el lunes, el martes...*

Son femeninos
▶ Muchos nombres que terminan en -a: *la biblioteca, la mochila.*
▶ Los nombres de personas o animales de sexo femenino: *la madre, la gata.*
▶ Los nombres terminados en -ad: *la ciudad.*
▶ Los nombres terminados en -ción: *la canción, la habitación.*
▶ Los nombres de las letras: *la be, la ce...*

Resumen de gramática

El presente: verbos regulares
(pág. 45)

hablar	leer	escribir
hablo	leo	escribo
hablas	lees	escribes
habla	lee	escribe
hablamos	leemos	escribimos
habláis	leéis	escribís
hablan	leen	escriben

En español hay tres conjugaciones: -ar, -er, -ir.

El presente se usa para:
- Hablar de acciones habituales:
  Los domingos como en casa de mis abuelos.
- Describir: *María es simpática. La ciudad es grande.*

Los verbos *ver, hacer* y *estar*
(págs. 45 y 47)

ver	hacer	estar
veo	hago	estoy
ves	haces	estás
ve	hace	está
vemos	hacemos	estamos
veis	hacéis	estáis
ven	hacen	están

El verbo *estar* se usa para:
- Situar algo en el espacio:
  El instituto está cerca de mi casa.
  María está aquí.

Expresiones de lugar (pág. 46)

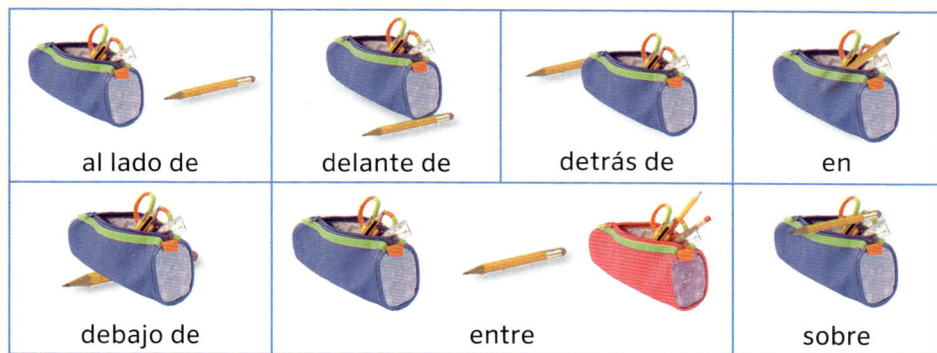

al lado de — delante de — detrás de — en
debajo de — entre — sobre

Los números hasta 100 (pág. 6)

0	cero	6	seis	12	doce	18	dieciocho	31	treinta y uno
1	uno	7	siete	13	trece	19	diecinueve	32	treinta y dos
2	dos	8	ocho	14	catorce	20	veinte	40	cuarenta
3	tres	9	nueve	15	quince	21	veintiuno	50	cincuenta
4	cuatro	10	diez	16	dieciséis	22	veintidós	60	sesenta
5	cinco	11	once	17	diecisiete	30	treinta	70	setenta
								80	ochenta
								90	noventa
								100	cien

- Uno + nombre masculino → un: *Tengo un libro de superhéroes.*
- Desde el *veinte* hasta el *veintinueve* se escriben en una sola palabra y con una *i*: *veintisiete, veintiocho, veintinueve.*
- Del *treinta y uno* en adelante se escriben siempre en dos palabras, excepto: 20, 30, 40, 50, 60, 70, 80 y 90.

Transcripciones

Unidad 0

Saludas, te presentas y te despides
Pista 1. 1. Escucha y marca la foto correcta.
1. *Chico:* Hola.
   Chica: Hola, buenos días.
2. *Chica:* Adiós, buenas tardes.
3. *Chico 1:* Hola, buenos días. Soy David. ¿Y tú?
   Chico 2: Hola, yo soy José.

Aprendes el alfabeto
Pista 2. 4. Escucha y completa el alfabeto con estas letras.
El alfabeto: A, B, C, D, E, F, G, H, I, J, K, L, M, N, Ñ, O, P, Q, R, S, T, U, V, W, X, Y, Z.
c + h se pronuncia *che*
l + l se pronuncia *elle*

Deletreas tu correo electrónico
Pista 3. 5. María y Raquel hablan por Skype. Escucha y lee.
María ¿Tienes correo electrónico?
Raquel Sí, claro. Es raqmuñozgil@gmail.es
María raq... ¡Uf! ¿Cómo se escribe?
Raquel Erre, a, cu, eme, u, eñe, o, zeta, ge, i, ele, arroba, gmail, punto, e, ese.
María ¡Genial! Gracias.

Cuentas del 0 (cero) al 10 (diez)
Pista 4. 7. Escucha y escribe los números que faltan.
a. cinco; **b.** ocho; **c.** nueve; **d.** seis; **e.** tres; **f.** dos; **g.** cero; **h.** uno; **i.** cuatro; **j.** siete.

Así suena el español
Pista 5. 9. Escucha y comprueba.
Raquel, ordenador, rotulador; Carmen, perro, silla; Malú, cojín, balón; Ángel, lápiz, móvil. Verónica, música, cámara.

Unidad 1

Para empezar... ¡Prepárate!
Pista 6. 1. Escucha y escribe el nombre de cada chico.
1. ¡Hola! Me llamo David.
2. ¡Hola! Me llamo Adela.

Lección 1
Los días de la semana
Pista 7. 2. Escucha y completa los nombres de los días de la semana.
1. lunes; **2.** martes; **3.** miércoles; **4.** jueves; **5.** viernes; **6.** sábado; **7.** domingo.

Los números del 1 al 20
Pista 8. 4. Escucha y comprueba.
uno, dos, tres, cuatro, cinco, seis, siete, ocho, nueve, diez, once, doce, trece, catorce, quince, dieciséis, diecisiete, dieciocho, diecinueve, veinte.

Lección 2
Presentaciones
Pista 9. 1. Escucha y lee cómo se presentan.
Entrenadora ¡Hola, chicos, buenas tardes! Soy la entrenadora, me llamo Carmen Medina Toledo. ¿Y tú? ¿Cómo te llamas?
María Me llamo María.
Entrenadora ¿Tus apellidos?
María Moreno Casas.
Entrenadora Y vosotros, ¿quiénes sois?
Lucas Yo soy Lucas Rubio Palacios y él es Marcos López Ruiz.
Entrenadora Y tú eres...

Lección 3
Nuevos amigos
Pista 10. **1. Escucha la conversación entre estos chicos.**

Víctor	Hola, me llamo Víctor, y tú, ¿cómo te llamas?
Sara	Me llamo Sara. ¿Cuántos años tienes?
Víctor	Tengo 12 años. Vivo en Madrid. Y tú, ¿dónde vives?
Sara	En La Coruña. ¿Cuál es el número de tu camiseta?
Víctor	El seis. ¡Es mi número favorito!

Los interrogativos
Pista 11. **5. Escucha y comprueba.**
1. ¿Quiénes son?; **2.** ¿Cuál es tu día favorito?; **3.** ¿Cuáles son tus apellidos?; **4.** ¿Quién eres?; **5.** ¿Cómo se llama la chica?; **6.** ¿Cuántos años tenéis?; **7.** ¿Dónde viven Elena y Lucía?

Área de Lengua
Pista 12. **1. Escucha y observa.**
1. Paula tiene 12 años.
2. ¿Paula tiene 12 años?
3. ¡Paula tiene 12 años!

Pista 13. **2. Escucha y marca ¡!, ¿? o .**
1. a. ¿Tu día favorito es el lunes?; **b.** Tu día favorito es el lunes.; **c.** ¡Tu día favorito es el lunes!
2. a. ¡José es el entrenador!; **b.** ¿José es el entrenador?; **c.** José es el entrenador.
3. a. Son tus amigos del equipo de fútbol.;
  b. ¡Son tus amigos del equipo de fútbol!;
  c. ¿Son tus amigos del equipo de fútbol?

Unidad 2

Lección 4
Los países y los continentes
Pista 14. **1. Escucha y completa los nombres de los países.**
1. Canadá; **2.** Estados Unidos; **3.** México; **4.** Brasil; **5.** Argentina; **6.** Francia; **7.** Italia; **8.** Portugal; **9.** Inglaterra; **10.** Alemania; **11.** Marruecos; **12.** Grecia; **13.** Rusia; **14.** Australia; **15.** Japón.

Los meses del año
Pista 15. **4. Escucha y ordena los meses.**
1. enero; **2.** febrero; **3.** marzo; **4.** abril; **5.** mayo; **6.** junio; **7.** julio; **8.** agosto; **9.** septiembre; **10.** octubre; **11.** noviembre; **12.** diciembre.

Lección 5
Es español
Pista 16. **2. Escucha y comprueba tus respuestas.**

David	José, ¿cuántas nacionalidades conoces? A ver, la *pizza* es una comida…
José	¡Italiana!
David	¡Bien! Lionel Messi es un futbolista…
Virginia	¡Qué fácil! Argentino.
David	Síííííí. La Torre Eiffel es un monumento…
Virginia	¡Francés!
David	One Direction es un grupo…
José	¡Yo lo sé! ¡Inglés!… Otra, otra pregunta.
Virginia	Vale. Ahora pregunto yo. La paella es una comida…
David	¡Qué fácil! ¡Española!

Lección 6
Un regalo
Pista 17. **2. Escucha y comprueba.**

Sara	¿Qué día es hoy?
David	¡Hoy es 5 de octubre! Es el cumpleaños de Marcos.
Sara	¡Es verdad! ¿Qué compramos?
David	¡Un estuche! No, no. Unos rotuladores para clase.
Sara	¡Noooo! ¿Y una camiseta?
David	O una llave USB.
Sara	¿Y un libro de aventuras?
David	No sé. Síííí. ¡Una raqueta!

setenta y nueve

Sara   Vale, y buscamos una postal en Internet.
David   Genial.

La fecha de cumpleaños
Pista 18. 3. Escucha y marca la fecha de cumpleaños de los dos amigos.
Chico: Mi cumpleaños es el 5 de abril./Chica: Mi cumpleaños es el 20 de agosto.

Vivir en sociedad
Pista 19. 4. Escucha y aprende la canción del «Cumpleaños feliz».
Cumpleaños feliz, cumpleaños feliz. Te deseamos todos cumpleaños feliz.

Lección 7
El material escolar
Pista 20. 1. Escucha y escribe estos nombres debajo del objeto adecuado.
1. los libros; 2. el archivador; 3. el estuche; 4. los bolígrafos; 5. la mochila; 6. los cuadernos; 7. la goma; 8. el lápiz; 9. el rotulador; 10. la calculadora; 11. las tijeras; 12. la regla; 13. el sacapuntas.

Lección 8
Mis clases
Pista 21. 1. Escucha y lee qué hacen Raquel y sus compañeros en clase.
Hoy es martes. Los martes por la mañana estudio tres asignaturas. En clase de Inglés estudiamos con ordenadores. Escuchamos diálogos, vemos vídeos, hacemos ejercicios de gramática, aprendemos palabras… y no escribimos en el libro.
Después, tengo clase de Lengua y Literatura. En esta clase el profe explica la lección. Estudiamos la biografía de escritores importantes. Leemos textos y escribimos las explicaciones del profesor en el cuaderno y respondemos a las preguntas del profesor.
Después, en clase de Geografía, escuchamos al profe. Aprendemos los nombres de los países. Dibujamos mapas y buscamos información en Internet.

La frase negativa
Pista 22. 6. Escucha y marca las frases correctas.
- ¿Cuál es tu asignatura favorita?
- Inglés. Mi profesor es inglés, de Oxford.
- ¿Qué hacéis en clase de Inglés?
- Leemos textos, escuchamos diálogos…
- ¿Aprendéis poesías?
- No. Aprendemos canciones.

Lección 9
Mis compañeros
Pista 23. 1. Escucha a Raquel y observa la foto.
Hoy es lunes y son las diez y diez. Estoy en la clase de Música. Mis compañeros están sentados en las sillas, excepto Alba y Rubén. Nerea está al lado de Diego. Diego y Carlos están delante de Daniel. Matilde está detrás de Carlos. Daniel está entre Matilde y Valeria. Y yo, ¿dónde estoy? ¡Pues yo hago la foto!

El nombre: singular y plural
Pista 24. 5. Escucha y escribe las palabras.
1. el amigo; 2. el reloj; 3. la goma; 4. la clase.

FONÉTICA
Pista 26. Escucha y completa estas palabras con *n* o *ñ*.
1. la piña; 2. la rana; 3. la araña; 4. las castañas; 5. las manos; 6. el nido; 7. las montañas; 8. el pañuelo; 9. el abanico; 10. el niño.